JN208199

マンガでわかる『すぐやる人』と『やれない人』の習慣

塚本亮▼著
みさき明良▼まんが

主な登場人物

藤里 亜紀（ふじさと・あき）

県立高校の教師。初めて３年生の担任になり悪戦苦闘中。生徒の将来を気にかけている。

田仲 秀（たなか・しゅう）

亜紀の同僚で副担任。かなりのラーメン好き。頼りになるがどこか抜けている。

平北 宗次（ひらきた・そうじ）

学級委員長。勉強ができ名門の西京大学を目指している。

垣坂 大地（かきさか・だいち）

出席率も成績もギリギリの問題児。元々はトップクラスの成績だった。

松川 つかさ（まつかわ・つかさ）

演劇部に所属している３年生。将来は女優になりたい。

岡 文香（おか・ふみか）

自分の気持ちをなかなか表現できない控えめな生徒。

プロローグ

すぐやる人は
結果も残す

県立浜凪《はまなぎ》高等学校は
学区で2番目の進学校
校則はゆるいが おとなしい 生徒が多く
指導しやすい 学校と 言われている
だから 大丈夫よ
着任3年目で 3年生担当は 荷が重いかも しれないけど 安心して
副担任の先生には 充分サポート してもらうから
転任1年目だけど 教師生活10年目の 先輩よ
……はい
3年2組　担任
藤里《ふじさと》　亜紀《あき》
学校の裏に 生徒が立ち寄らない 店があるでしょ
あそこなら ゆっくりできるはず
3年学年主任
三浦《みうら》　咲世《さきよ》
2人でお昼でも 食べて仲良くなって おきなさい
4月1日 教員辞令 交付の日
私は初めて 3年生の 担任になった
――改めまして

田仲秀です
3年2組　副担任
田仲《たなか》　秀《しゅう》
赴任したばかりで不安もありますが
二人三脚でがんばりましょう
はいっ
この人と1年一緒に
生徒の指導は……
なんてロマンあふれる展開
これが高級レストランであれば
こんにちは！2人いける？
いらっしゃい！奥どうぞ！
この店の製麺機D社の最新型です期待できますよ！
は？
先生はこの店初めてですか？
知ってはいましたがなかなか……
ヘイお待ち

これじゃあ入りにくいか
？
いえ、そういう意味じゃなくて
ラーメン屋のおやじ
ここ正門や駅から反対だから
生徒は来ないが先生たちは来てくれるよ
そっちの先生味はどうだい？
極ウマです！
さっぱりしているのに鶏ガラ出汁《だし》の深みとコクがほどよく口に広がる麺も硬すぎず、柔らかすぎずほどよいコシだ……
10分経過
チャーシューは味がしみこみ……
もう学校に戻らないと……
ごちそうさま…
メニューごとに麺を変えているんですか？
ごちそうさま
あぁそうだよ
おおっ
この店は、大当たりだまた来ます
ガラッ
3年の担任のことを相談したかったのに……
あっそうそう

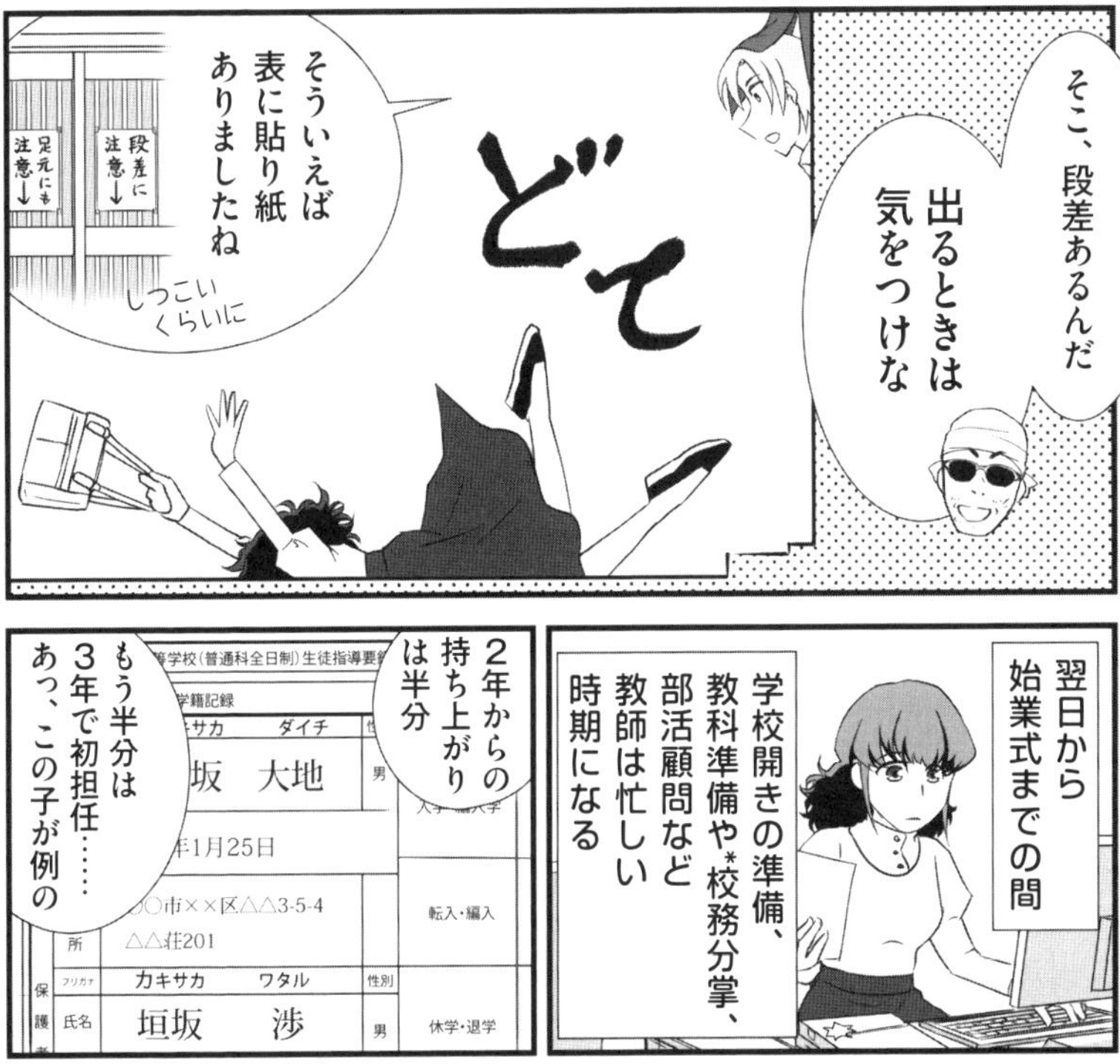
そこ、段差あるんだ
出るときは気をつけな
どて
そういえば表に貼り紙ありましたね
しつこいくらいに
段差に注意↓
足元にも注意↓
翌日から始業式までの間
学校開きの準備、教科準備や*校務分掌、部活顧問など教師は忙しい時期になる
2年からの持ち上がりは半分
もう半分は3年で初担任……あっ、この子が例の
等学校（普通科全日制）生徒指導要録
学籍記録
サカ　ダイチ
坂　大地
男
年1月25日
○○市××区△△3-5-4
△△荘201
フリガナ　カキサカ　ワタル　性別
氏名　垣坂　渉　男
転入・編入
休学・退学

＊校務分掌：学校内における運営上必要な業務分担

垣坂は家庭環境が変わってから出席率も成績もギリギリだ
僕のカンだけど藤里先生のように若い先生のほうが素直になれるかもしれない
生徒指導部教諭
この子、私の授業のときよく寝てたけど質問にはしっかり答えてたなぁ
みんな学級担任か教科担任をしていた子だからなんとかやっていけるかな
藤里先生！

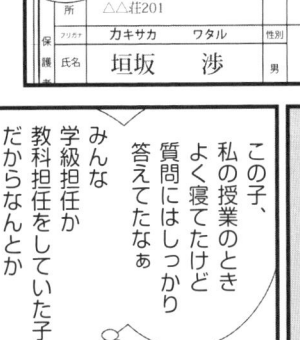

私、今年の担当分掌は教務の広報なんです
HP《ホームページ》の進路コーナーで先生たちにコラムを頼むんですが……
2年4組　担任
赤橋《あかはし》　紀子《のりこ》
藤里先生、早速ですけど7日までにお願いできますか
わかりました
私の分掌は進路指導部のスケジュール管理
コラムの原稿はあとでやるとして……
ガイダンスの日程と予備校の模試予定をチェックしておこう
昨年の資料を参考に授業計画書も作らなきゃ
あと学級経営案も……
この日程も覚えとかなきゃ
表示(V)　移動(G)
作成　チャット
差出人　k-macida
件名　○○県立高校1～3年目
宛先　aki-fujizato@hamanagi
教員３年目以内の者を対象とし
各研修を行います。
日程及び場所は以下のとおりと
自己研修ガイダンス
月分
催日時と場所は以下のurlを参
とにかく順番に片づけよう!
……と言っているうちに

明日始業式じゃん!!
藤里先生、授業計画書と学級経営案はどうなっているの？
授業計画書はあと少しで……
先に経営案を出してね学級開きもあるし
すみません
始業式の配布物もコピーしなきゃ
藤里先生！
進路指導部のスケジュールありがとう
でも予備校模試日も入れてくれるかな
すみません！
文芸部の予算申請金曜までにもらえますか？
すみません
忘れてた
藤里先生コラムの原稿まだですか？

ごめんなさい
コラムの原稿……家で書こうとして
あれ？調子悪いな
保存中
まぁ、明日でいっか
そのまま忘れてた……
気づいたら仕事が全部
中途半端……
がんばっているつもりなのに
なぜ、仕事が終わらないの
えーとコラムの原稿を…

行動できる人だけがこれからの時代を生き抜ける

こんにちは。本書『「すぐやる人」と「やれない人」の習慣』の著者、塚本亮です。

ＡＩ、少子高齢化、グローバル化、キャッシュレスなどといった話題があちこちで見受けられ、２０２０年を境に大きな変革の時代へ入っていくような雰囲気が漂っています。きっと、これまでの常識が通じなくなり、新しい常識が次から次へと生まれてくるでしょう。皆さんも期待と不安を感じていることと思います。

私は、そのような先の見えない時代を生き抜くためのスキルが、「すぐやる技術」だと考えています。

食べものだって味見してみないと、どんな味がするのか、自分の好みに合うかどうかは、わかりません。何でも試してみないと、その価値はわからないのです。

つまりは、行動してみて初めてわかることばかりなのです。

私がケンブリッジ大学の入試で面接試験を受けたときに、担当の教授が「日本人を久しぶりに見たよ」と言ったその一言が忘れられなくて、教育が私のライフワークの軸となりました。

やってみないとわからないことが、たくさんあります。考えすぎるのではなく、チャレンジしてみることの大切さを伝える必要性を感じたのです。

自分よりも優秀な人はたくさんいるでしょう。でも、「自分なんて受かるはずがない」と決めつけてチャレンジしないのは「自信の欠如」が原因です。そしてそれを解決する唯一の策が「行動」なのです。

自分をコントロールできているという感覚は、何より自信をもたらしてくれます。自分のことをコントロールできていないと感じてしまうと、どんどん自信は失われていきます。やってみようと決めたことを実際に行動に移してみることが、自信の源泉となるのです。

すぐやる方程式は『意志×環境×感情』です。

意志や気合いだけに任せたやり方では、うまくはいきません。

自分を動かす環境を作り出すこと、そして人は感情の生き物ですから、どのようにすれば感情に左右されずに行動できるのかという術を理解しておくことが重要なのです。


本書ではマンガを通して、『どうすれば「すぐやる人」になれるのか』ということについて、「すぐやれない人」の思考習慣・行動習慣と対比させながら、お伝えしていきます。

登場人物たちが繰り広げるストーリーを楽しみながら、すぐやる人になるためのヒントを学んでいただければ嬉しいです。


行動すれば毎日がより一層充実し、もっともっと楽しくなるはずです。

では、一緒に行動を楽しんでいきましょう！

まんがでわかる「すぐやる人」と「やれない人」の習慣　目次

第2章 目標管理編 49

第3章 スキルアップ編 81

第4章 自分を動かす 編 113

第5章 感情コントロール 編 145

◯カバーデザイン ＯＡＫ 浜田成実

第1章

すぐやる思考編

浜凪高校
始業式
……というわけで
1年間
お願いしますね
では委員を
決めましょうか
学級委員長に
立候補する
人は……
しーん…
窓の外を
見ている子も
いる
このクラスで
私やって
いけるかな
垣坂《かきさか》 大地《だいち》
じゃあ、推薦は
ないですか?
はい
委員長は平北君が
いいと思います
1年生から
ずっとやってて
慣れてるし!
おいっ
松川《まつかわ》 つかさ

お前もずっと委員長だったろ
いつも委員会にいたから知ってるぞ
平北《ひらきた》　宗次《そうじ》
でも私、成績が良くないいもん委員長は賢いほうがいいでしょ
他に推薦は
……
じゃぁ平北君が委員長で
松川さんは副委員長でどうかしら
えーーーーーっ
ほれみろ
3年は行事が少ないし大丈夫よ
全員が何かの委員をしましょう
やりたいものに自分の名前を書いて!
わいわい
希望の多いものはHR《ホームルーム》の最後にじゃんけんするから気にしないで
……

岡《おか》　文香《ふみか》
何かやりたい委員はある？
……
じゃあ、できそうなものは……
……
これはどう？まだ空いてるわ
……
さっさと書いたら？
先生困ってるでしょ
……
自分がやりたいことを選ぶだけでしょ、何してんの
やりたいことなんて
ないわよそんなの
ボソッ
ちょっと！
言いたいことは聞こえるように言いなさいよ！

あー　うるせーの
おい、まぜ返すなよ
ったく
じゃ、じゃあ委員はこれで決まりで
次に奨学金の申し込みについて
2枚目にある通り予定採用の…
先生　僕1枚しかありません
えっ？
私も
俺も
あっ？
コピー紙が途中で切れて
あとで補充しよう
ピー…!
そのまま忘れてた!
追加でプリントしてくるわね
ガラ
委員決めるよりこっちの方が大事だよね
ふじりんは前から頼りないじゃん
いまさらー

キュコ〜ン
下校の時間です 部活で残っている生徒は帰宅してください
繰り返します 下校の……
はぁ……
進路指導面談日程
藤里先生の進路指導大丈夫かな
3年生の担任はベテランの先生がいいよね
ご飯食べて家でやろう
学校裏にカフェもあった気がする
グ〜……
……気のせいだった
HAIR HOUSE
ORANGE
カット20% off
Menu
ラーメン屋しかないか……
おっ この間の先生

夜の営業は今からなんだ
そうそう足下に気をつけな
どさっ
遅かったか
日替わり定食ひとつ
定食はやめとけ
なぜ?!
かわりに特製ラーメン作ってやる
今日は随分ぼんやりしてるな
ぎくぅ
何かあったか?
なるほどうまく仕事を進められないと
私、昔から何でも中途半端なんです
高校も大学も第2希望校にやっと受かって
教師免許も一浪ですしかも行きたかった地域外での合格です
何でも計画を立てて始めているのに
すぐ別のことに意識が向いて長続きしないんです

生ビール
ジョッキ
¥400
生（中瓶）
¥500
一緒に来ていた男との先生には相談したのか？
まだです
忙しそうで……
そんなんじゃ誰にも相談できないぞ
なぁ
結果を出す人と出せない人
その違いが何か知ってるか？
結果を出す人は行動が早いんだよ
「やりたい」「やろう」と思ったときが一番モチベーションは高い
そのときにすぐ取りかかるんだ
進捗が早ければ余裕ができる
余裕があればいい結果を出せる
先生の話はわかりやすい！
結果を出したいなら「すぐやる人」になることだ
「すぐやる人」……

先延ばししても面倒になるだけだろ？
明日やろう…
もちろんすぐやろうとしても面倒なときはある
でも、「すぐやる人」は行動を早く起こせる自分を動かす仕組みを知ってるからだ
自分を動かす仕組み？
「すぐやる人」は「自分がラクに動ける方法」を知ってるんだ
でも結果が出ない人は無理に自分を動かそうとする
しんどいなー後でいいや…
わーっ締め切りだ!!
その分大きなエネルギーが必要となり自分を苦しい状況に追い込む
それを繰り返すうちに「自分はダメな人間だ」という思いが染みついてしまう
それ私だ…
「学習性無力感」というやつだ！
「すぐやる人」は「がんばって」動こうとはしていない
さっき言った通り「ラクに動ける方法」を知ってるからだ
うんうん
知りたいか？

まず、頭を空っぽにする
あれもこれもやらなきゃと思っているとパフォーマンスが落ち集中力が欠ける
スマホでアプリをたくさん開いて処理速度が落ちているような状態だな
だから「すぐやる人」は頭の中にあることを紙に書き出す
頭に浮かんだことを出すことで脳への負担を減らしてるんだ
次にやりやすいことや小さなことからやり始める
授業プラン
今できるところまで書いておこう
去年の3年はどうだったのかな…
少しでも手をつけていればスケジュールを立てられるし、仕事を進める上で確認すべき点も見えてくる
「日替わり定食をやめな」と言ったのも「すぐやる」に関係しているよ
男性向けのメニューだからお前さんじゃお腹いっぱいになるだろ
満腹になると睡眠効果のあるメラトニンの分泌が促される
ねむい…
でも腹八分目ならそれを避けられる
しかも「自分をコントロールできる」という意識が強くなって自信に繋がる
スッキリ!

自信がつけば余裕が生まれ行動にも繋がる
イメージトレーニングみたいなもんだな
段差に注意↓
こんばんは
らっしゃい!
ちょうどいい相談しなよ
この麺は…!
せっかくラーメンを食べにきた先生に仕事の話をするのは……
「すぐやる」ための仕組みのひとつがHKTを味方にすることだ
HKT?
H(ヒト)K(カネ)T(時間《タイム》)だ
「すぐやる人」はヒトをうまく巻き込んでいる
一人で悩むより、ヒトの意見を聞いた方が解決が早い
お金をかけてセミナーに行くのもいいだろ
セミナー
そしてどのくらい時間をかければ
目の前の課題が終わるのかを検討する
?

あの～ 定食 いいっすか
！
ラーメンを前にした田仲先生は会話しづらいけど今相談しておけば何かヒントになりそう……
とにかく 前に進まなきゃ
田仲先生 おごりますから アドバイス もらえますか
えっ?! はい
おやっさん 日替わり定食 ひとつ！
はいよ、ここでHKTを使うか、ハハハ
実は明日からの進路指導で生徒にどう接したらいいかわからないんです
なるほど…… 藤里先生 わかりました！
それではまず
日替わりではなく ラーメン定食で
えっ
だって やる気を出すには
やっぱ ラーメンでしょ!!

そして個別の進路指導が開始した
生徒一人ひとり抱えている悩みは違う
でも成績を伸ばしたいのは皆一緒だ
僕は3年生の担任になるとまず全員の成績を見て
生徒たちに具体的な数字目標を決めてあげるといいですよ
初回の進路指導で目標偏差値を細かく提示していました
目標に対する数値基準がはっきりしていれば行動できて結果も出やすい
安藤さんの志望校なら
あとは英語だけ偏差値プラス2を目指しましょう
それならなんとかなりそうです
福原さんはセンター試験の配点から考えて理数科目の偏差値3アップを目標に
文系科目は今のままでいいんですか？
それぞれの志望校の配点を参考に基準を決めたら
「やること」と「やらないこと」を決める
私学推薦が通るくらいの学力があるから文系科目は現状維持で大丈夫よ
理系科目中心に勉強しましょう

久慈さんは志望校の提出まだだったわね
やりたいことはあるんですけど……同時通訳とか……
志望校が決まっていなくても夢があるならそれを目的にしてもらう
目的があれば目標が明確になる
同時通訳かっこいいわ！
でもヒアリングに自信がなくて……ホームステイしたら鍛えられるかなって思うんですが
目標が明確になれば「今すべきこと」と「しないこと」を決められる
留学支援をしている学校がいいわね
久慈さんは英語と国語が得意だから
この2科目で入試ができる学校の中から決めましょう
すべきことがはっきりすれば取り組みやすくなる
おやじさんが言う「すぐやる人」も「やること」と「やらないこと」の区分けをしっかりしてるんだと思います
昨日の面談どうだった？
やることが決まって勉強しやすくなったよ
ふじりん相談にちゃんと答えてくれるよね

3－2
ではHRの最後にすぐやる人になるためのアドバイス
昨日は食欲のコントロールの話をしたよね
今日も生活習慣の話です
みんな、学校から帰ったらかばんはどうしてる？
カバンの中身は毎日出して定位置に戻す習慣をつけましょう
結果を出せる人は毎日かばんの中を整理してるもんですよ
教科書やノートがどこにあるかわからないと探すのに時間がかかり
それだけで疲れてしまいます
お財布も不要なレシートなどを入れっぱなしにしてると
何円入っているかわかりにくくお金の感覚も鈍る
つまり計画性がなくなりやすい
？？？
ものの管理は脳に負担がかかります
その負担を少なくしてやるべきことがすぐできるようにしましょう！

すぐぱっと何かができるって勉強にも通じるよ
ふじりん意外とやるかも
でも毎日教科書を本棚に戻すの面倒だな
あー俺もそう思う!
実際やれば良さをわかってくれるはず……
職員室
田仲先生ありがとうございました
教えていただいたこと役に立ってます
こちらこそ! あのラーメン定食でニラ玉乗せに目覚めました
は?
おいしかったのでカップラーメンで再現しようかと
あ、僕、今日はお昼食べそびれて今からです
お手製のニラ玉
油っぽくならないように最初に入れたお湯を捨てて入れ直しますこうすることで
ペラペラペラペラ
で、何かまた相談でも?
いえ、お昼食べてください
私も自分で作れば、このこだわりの良さがわかるかな……

自分と戦わなくていい方法を考えること。これが「すぐやる人」になるためには、とても大切なことです。

昼食をとったら30分後くらいにやってくる眠気。これと戦ったことがないという人はいないでしょう。食後は血糖値が上がります。血糖値が上がると人は生理的に眠くなるのです。つまり誰でも眠くなって当然の時間帯なのですね。だから、それに逆らおうとするよりは、そうなることを前提にして、それに応じたアクションをとっていくほうがいいのです。

「何をするか（What）」「どのようにするか（How）」「なぜそれをするのか（Why）」「どこでやるのか（Where）」「誰とやるのか（Who）」を明確にすることは不可欠ですが、それと同じくらい「いつするか（when）」は重要です。

夜の疲れた時間帯に自分に鞭を打って企画書を作成したり、勉強したりしていませんか。やりたいことがあるのにうまく行動に移せないときや成果が上がりづらいときは、それをやる時間帯を変えてみましょう。

自分を無理矢理動かそうとすると、藤里先生のようにやることすべてが中途半端になってしまい、何も終わっていないということになりかねません。

1

すぐやる人は明日を疑い、
やれない人は明日を信じる。

皆さんは本書を買うとき、どんな気持ちで買いましたか？

書店にせよ、ネットにせよ、買うときには、「おっ、面白そうだ。読んでみたい」と思って、買ってくれたのだと思います。

買ってから読むまでは、すぐでしたか？

それとも、一度棚に差してしまったけど、「あっ、これ忘れてた。読まなきゃ」と、思い出して読んでくれているのでしょうか？


モチベーションとは、魚のようなものです。魚は獲れたてが一番おいしいのと同じで、モチベーションにも鮮度があります。**「やりたい！」と思った瞬間が、モチベーションの鮮度のピーク**なのです。

つまり、本を買う瞬間が一番読みたい気持ちが高いわけです。もし、家に帰って次の日まで袋から出さずにそのまま置いておくと、どうなるでしょうか。皆さんにも、「なかなか読むチャンスがやってこなくなってしまう」といったような経験があるかと思います。

私も学生の頃によく経験しました。

書店に行って、参考書を何冊か買って、帰るまではいいのですが、問題はそのあとです。「明日から始めよう」と思って、その日のうちに手をつけなかった結果、気づいたときには本棚の奥にしまわれているのです。本を購入することで満足してしまうんですね。

もちろん、それでは良い成果を生み出すことはできません。これは「やれない人」の典型です。

「やれない人」は、明日も高いモチベーションを維持できると思い込み、また明日やればいい、また明日から始めようというように、自分を納得させているのです。

しかし、ふとしたときにやってなかったことに気づき、その自分に「ダメな自分」というレッテルを貼ってしまうのです。

そのときにはもうモチベーションが大きく減少していますので、そこからもう一度モチベーションを上げる、つまりその鮮度を取り戻すことは容易ではありません。

結果を出す人は行動が早いんだよ
「やりたい」「やろう」と思ったときが一番モチベーションは高い
そのときにすぐ取りかかるんだ

一方、「すぐやる人」は、未来を信じません。「明日から」とか「いつか」という考えは、モチベーションの鮮度を奪っていくだけだと知っているからです。そして、その「いつか」はやってこないと思っています。

だから、今何かのアクションをとらないと気がすまないのです。

『トム・ソーヤーの冒険』の著者、マーク・トウェインは、こんなことを言っています。

「The secret of getting ahead is getting started.（前進するための秘訣は始めることだ）」

「すぐやる人」は、すぐやることでモチベーションを高めることに成功しています。

では、なぜ「すぐやる」ことで、モチベーションを高めることができるのでしょうか。

さまざまな要因がありますが、そのひとつに「ツァイガルニック効果」が挙げられます。

ツァイガルニック効果とは、「人間は達成できなかった物事や、中断・停滞している物事に対して、より強い記憶や印象を持つ」という心理学的な現象です。

小さな一歩でもアクションを起こすことで、「やり残し感」のようなものが記憶に残ります。そして「完成させたい」という欲求を湧き立たせることに繋がっていきます。

その効果を利用しているのが、テレビドラマです。いつも、いいシーンで話を終わらせることによって、続きが見たくなる心理を掻き立てているのです。

モチベーションの鮮度が高いうちに、0を1に変えておくことで、より強い意識を持てるようになり、行動が続いていくきっかけを与えてくれるのです。

2

すぐやる人はＨＫＴをうまく味方につけ、やれない人は追い込みすぎてしまう。

行動を妨げるもののひとつに、自力本願というものがあります。パッと聞くと、自力本願はいい心構えのように感じるかもしれません。

しかし、精神論で自力本願になりすぎると、かえって行動ができなくなるのです。

よほど精神が強い人ならば何の問題もないでしょうが、私のような人間には、**仕組みで自分を動かすほうがよほどラク**なのです。

では、どうすれば、仕組みで自分を動かすことができるのでしょうか？

ひと言で言えば、自分の持つ資源の活用がカギとなります。

精神力ではなく、自分の資源で自分を動かす仕組みを作り上げることに、目を向けてみましょう。

まず、自分を動かす仕組みを構築するためには、行動に具体性を持たせなければなりません。すべきことが漠然としていると、行動を起こしづらくなります。

そこで、行動を起こす前に「HKT」について考えてみるのです。

「HKT」とは、**H（ヒト）、K（カネ）、T（タイム）**です。

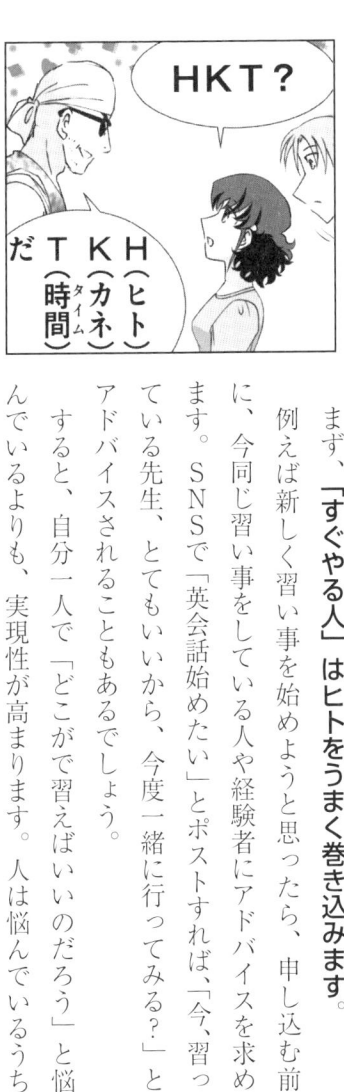

これらの資源の組み合わせがとても重要で、それによって自分が動いてしまう強力な仕組みを作ることすら、できるようになります。

まず、**「すぐやる人」はヒトをうまく巻き込みます**。

例えば新しく習い事を始めようと思ったら、申し込む前に、今同じ習い事をしている人や経験者にアドバイスを求めます。SNSで「英会話始めたい」とポストすれば、「今、習っている先生、とてもいいから、今度一緒に行ってみる？」とアドバイスされることもあるでしょう。

すると、自分一人で「どこがで習えばいいのだろう」と悩んでいるよりも、実現性が高まります。人は悩んでいるうちに意識がどんどん薄れていってしまう傾向があるからです。また、人の目もあるので、なかなかやめられなくなるのです。

お金もやはり仕組み作りに影響を及ぼします。

ダイエットを例にとってみれば、わかりやすいでしょう。

ダイエットに割けるお金がたくさんあってパーソナルトレーナーをつけることができれば、それだけ効果は上げやすくなります。

お金があまりないのであれば、近所をジョギングするかもしれません。それならば知り合いでジョギング仲間を見つければ、実現しやすくなるでしょう。

「今度こそダイエット成功するぞ！」と思っても、それに**どれほどのお金が割けるのかによって、とるべきアクションも変わってきます**。行動が漠然としていて具体性がないと、先延ばしが慢性化してしまいます。

そして、「すぐやる人」は具体的で、時間への意識が高いので、**いつやるのかを即座に明確に決めてしまいます**。少し俯瞰して、どれくらいの時間をかければ、目の前の課題が終わるのかを検討してみるのです。そうすることで、今の一歩が確かな一歩であることがわかるので行動に移せます。

人は終わりの見えていないものに対しては、なかなか行動を起こしにくいものです。出口の見えないトンネルをひたすら歩くことは誰しも不安でいっぱいです。出口から射し込む光が見えたら、「よし、あそこまでがんばればいいのだ」と一歩一歩前進するエネルギーが湧いてきます。

「すぐやる人」はこれらの貴重な資源をうまく活用することによって、行動する仕組みを作ります。一方で「やれない人」は、資源の活用があまりうまくなかったり、資源があることすら見えていなかったりするのです。

自力本願ですべて思うままにいくのであれば、それでもかまいません。

私のようななまけものでも「すぐやる人」でいるためには、資源を自分を動かすエネルギーに変えることが必要となってくるのです。

3

すぐやる人はやらない基準が明確で、やれない人はいやいや引き受ける。

毎日のように「あれもやらなきゃいけない、これもやらなきゃいけない」「せっかく終わったのに、またやらなきゃいけないことが増えた」などと、やることがどんどん降ってきます。そこで「やることリスト」を作成している人は多いと思います。

ただ、やることに追われている毎日だと、本当にやる必要のないものまでついつい取り組んでしまって、時間が足りない、ということになってしまいます。

そこで、「すぐやる人」は、**やることを決めるだけでなく、やらないことも決めます。**

やらないことを明確にすることで、迷うリスクを避け、無駄な選択で脳に負担をかけません。また、やらなくてもいいことに時間を奪われないので、本来すべきことに時間を割り当てることもできるのです。

・テレビ番組は録画し、放送時間に見ない
・ラッシュ時の電車には乗らない
・脂質20グラムを超えるものは食べない（ダイエット時のみ）

これらは私が決めている「やらないことリスト」のほんの一部です。やらないと決めているので、やるかやらないかを選択する余地がありません。

「すぐやる人」は、やらない基準をはっきりとさせることで、他人に対してもきっぱりとＮＯと言います。**自分の人生をコントロールしている感覚を維持するためには、精神の自由が不可欠**なのです。

しかし、これは何も自分本位で断るのではありません。そのほうが仕事も人間関係もうまくいくことを知っているからです。

「やだなぁ」と思いながらも、断ることへの抵抗を感じて決断を先延ばしした挙げ句、結局は断る、というプロセスは相手に期待を持たせたまま、待たせてしまうだけです。だから、「すぐやる人」は素直に、「今は必要ありません」「そのお話は引き受けることはできません」と素早く伝えます。相手をリスペクトしているからこその行動です。

臨床心理士のリンダ・ティルマンは、「特に自分に対して自信がない人ほどNOとは言えず、YESと言ってしまうクセがある」と言っていますが、「やれない人」はNOと言うことに大きな抵抗を感じてしまいます。うまく断れないことで、不自由を受け入れてしまって、身も心も重くなっていき、ますます「やれない」サイクルに入ってしまいます。「いやだなぁ」と思いながら、しぶしぶ依頼を引き受けたりしていると、また同じような依頼をされたり、場合によってはエスカレートした依頼をされてしまう可能性も十分に考えられますし、「やれない」サイクルは蟻地獄と化していくわけです。

アメリカの投資家ウォーレン・バフェットは「You say no to most things.」（ほとんどのものにNOと言う）という名言を残していますし、スティーブ・ジョブズは「人生の時間は限られている。誰かのための人生を生きて自分の内なる声がかき消されるようではいけない」と言っています。

断ることは、短期的に見ると、マイナスの影響が大きいように感じてしまうかもしれませんが、長期的な目で見ると別の形でいい関係性を継続していけるチャンスが出てくるものです。ＮＯと言ったからといって、互いの関係が終わってしまうようなものでもありません。特に相手を拒絶するのではなく、提案に断りを入れるだけだからです。

「やれない人」は、やらないでもいいことに振り回されてエネルギーを消耗し、ストレスを溜めて、本来やるべきことをこなすためのエネルギーを奪われてしまいます。これが先延ばしをしてしまう原因となっているのです。

やらない基準が明確ではない人は、「やることリスト」と同様に「やらないリスト」を作成することで、時間とエネルギーを有効活用している感覚を取り戻すことができるはずです。

Column

すぐやる人はラクに自分を動かす

「すべての成功の鍵は行動だ」。これはピカソの名言です。いつの時代も成功の鍵は行動でしかありません。アクションを起こさずして、より良い人生は手に入らないものです。

しかし人は苦しいことや面倒なことが嫌いです。これは自然なことであって、その気持ちを否定する必要はありません。

無理に自分を動かそうとすると、どうしても苦しいのです。心理学で言う「学習性無力感」という状態にハマってしまいます。

明日からダイエットしようと思ったのに、結局先延ばしの毎日……。今度こそ余裕を持って仕事を終わらせようと思ったけど、結局最後に徹夜でギリギリ終わらせた……。

このようなことを繰り返していると、「やっぱり自分はダメ人間だ」「自分はなまけものだ」ということが染みついてしまいます。これがまさに学習性無力感です。

すると、ますます行動ができなくなってしまいます。無理に自分を動かそうとすればするほど、蟻地獄のようなワナにはまっていってしまうのです。

「すぐやる人」は自分を無理に動かそうとはしていません。むしろ、どうすればラクに自分を動かすことができるのかを知っています。今すぐ、無理に自分を動かさなければならないという固定観念を捨てて、自分が行動してしまう習慣を身につけることに集中してみましょう。

第2章

目標管理 編

5月半ばの文化祭
クラスで初めて一致団結するイベントだ
ではこの中から決めたいと思います
文化祭クラス模擬店 候補
クレープ屋
カフェ
映画館(自主映
ライブハウス
たこやき屋
ざわざわ
う。
聞いて！
部活を続けている人が多いから準備に人手をかけられないことを考えてね！
しん‥
議長、採択をお願いします
………
そして
自主映画に決定しました
おー‥
文化祭クラス模擬店 候補
クレープ屋 4
カフェ 10
映画館(自主映画) 15
ライブハウス
たこやき屋
発案者の立川です
僕が映研でボツった台本を映画化します
監督と撮影、配役決めは任せてください

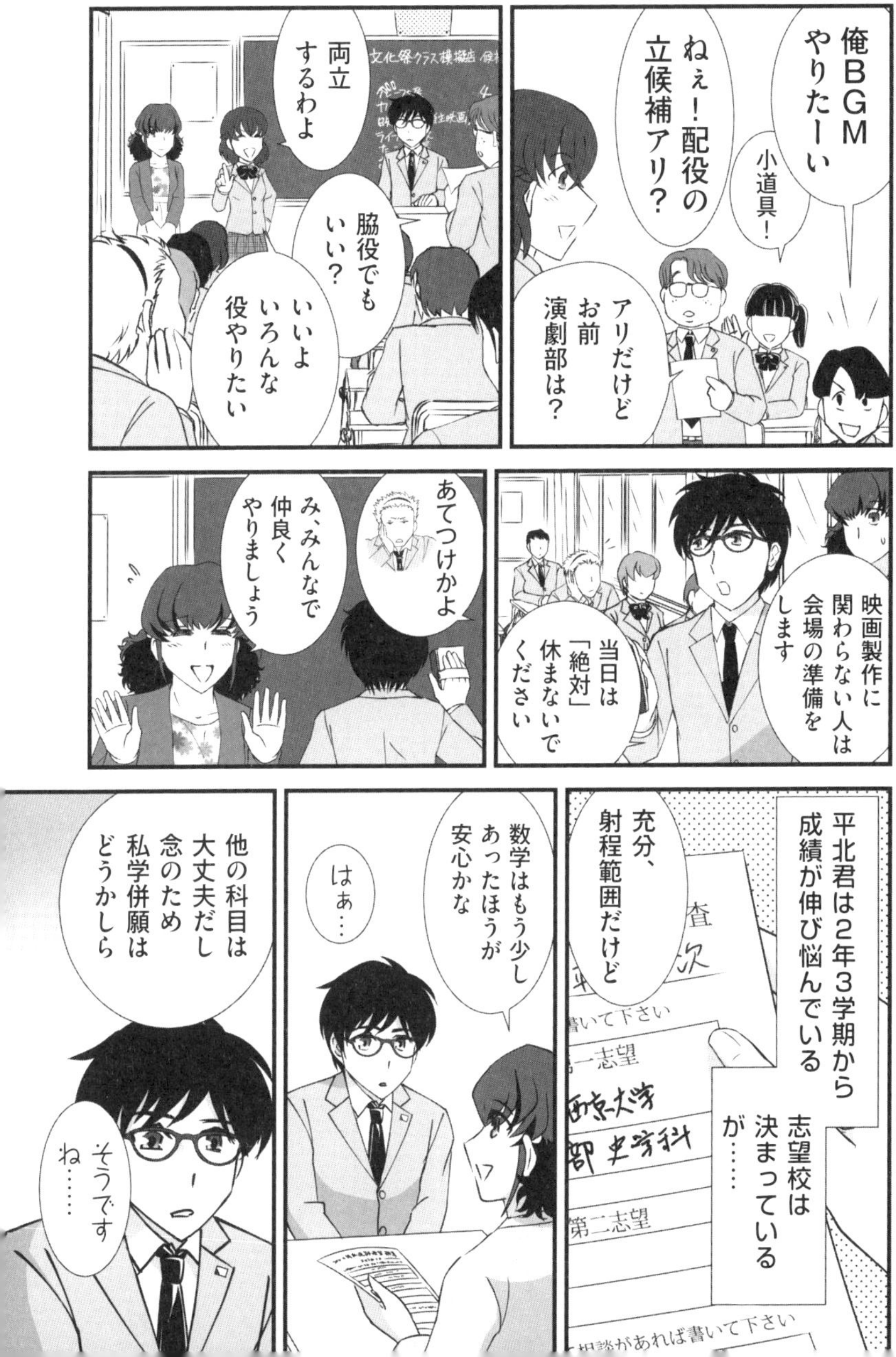

俺BGMやりたーい
小道具!
ねぇ!配役の立候補アリ?
アリだけどお前演劇部は?
文化祭クラス模擬店
両立するわよ
脇役でもいい?
いいよいろんな役やりたい
映画製作に関わらない人は会場の準備をします
当日は「絶対」休まないでください
あてつけかよ
み、みんなで仲良くやりましょう
平北君は2年3学期から成績が伸び悩んでいる
志望校は決まっているが……
充分、射程範囲だけど
書いて下さい
第一志望
第二志望
相談があれば書いて下さい
数学はもう少しあったほうが安心かな
はぁ…
他の科目は大丈夫だし念のため私学併願はどうかしら
そうですね……

最近元気ないけど何かあった？
いや……
なかなか勉強にやる気が出ないんです
家だとついスマホとか見ちゃったり
ダメだと思うんですけど……
それは集中できない環境にいるからよ
自然と集中できる環境にするの
自然と……
スマホを机に置いているとLINEやインスタを見ちゃうでしょ
新着
視野に入れないように別の場所において外部との繋がりを切る工夫も大切よ
スマホを見たいという誘惑に勝つためのエネルギーを消費すると他の作業が止まりやすい
集中できる人は誘惑そのものを遠ざけてやるしかない環境を作っているの

夜は何時に寝てるの？
早寝早起きにしたらどう？
脳は起きてから2、3時間過ぎたあたりが一番活発になるの
夜は脳も体も疲れているから新しいことを始める力が残ってないし勉強してもうまくいかないことが多い
起きて軽い運動やウォーキングだけでも脳は活性化するわ
そのあと勉強すると効果的よ
運動……スポーツか
見ろよ総合順位
順位
一、垣坂大地
ほけんだより
お前、塾も行ってないのにどんな勉強してるの？
どんなって予習と復習
英語II
家の事情で塾に行く余裕ねぇし
予習・復習だけでこれってありえねぇよ
英語II

垣坂は小学校の頃
サッカーチームに入っていて
キーパーとして有名だった
中学に入り
サッカーを辞めたが
塾には通わず
それでも成績は常に
トップクラスにいた
1学年一学期
期末考査順位
一、垣坂大地
二、村谷美乃里
三、蒲田俊也
四、秋野真弓
中3のとき
お前なら
島田高
いけるだろ
浜高
受けるの？
浜高は
県立で学費
安いし
まぁ浜高からでも
西京大狙えるけど
うん。西京大に
入れるように
がんばるよ
心配は
学費かよ
あいつは
自分でランクを
落として浜高
僕は島田高に
入れないから
浜高受けるのに
この学校では
テスト順位を貼り出さない
だから本人が言わない限り
成績はわからない
高校に入り
あいつは
髪を染めた

それを見ても僕は焦り続けた
今でもあいつはトップクラスにいるんだろうと
負けたくない
僕も西京大に入るんだ
期末テストお前が学年トップだぞ
ホントですか!
垣坂を追い抜いた!
塾へ行ってがんばり続けた僕の勝ちだ!
そして2年生の二学期末
三者面談の帰り
校門前で父親とケンカする垣坂を見た
あんたのせいで母さんも出ていったし!!
今さら成績がどーのとか言われたかねーよ!
僕はそこで初めてあいつの成績が大幅に下がっていることを知った

あいつは今のままじゃ僕に追いつけない
それでも僕は西京大に入る
あいつと違って僕は塾にも通いがんばった
だから結果を出さなきゃ
職員室
私学併願の件ですが
退路を断ってがんばりたいので専願にします
集中力が切れた原因は
西京大を受けるはずの友達が受験を諦めたから
ライバルが減ってホッとしたけど
張り合いがなくなったのかもしれません
それ、塾の友達とか？
まあ…
でも西京大には行きたいのでがんばります
わかったわ
それとは別でこの前話した「集中する方法」は試してみてよ
それですが……

藤里先生の出身大学たしかBランでしたよね
へっ
だからHRで話している勉強法も説得力があまりなくって
Sラン大学の出身なら安心なんですが……
ひくっ
あれは私も他の人に教えてもらった方法で
失礼します
藤里先生コショウ持ってますか
なら、それを
お弁当用のバジルソルトならありますが……
新しい味にチャレンジです
僕、今から昼ご飯なんです
はあ
このカップラーメンに振りかけてですね
あ、私今は平北君と話を……
そのようですね
そして平北君は「藤里先生の話には説得力がない」と……
平北君僕からも話がある
君は目標があっても目的がないから集中できないのでは?
は?

話を聞いていたが君が西京大に行く理由がわからない
なんですかだからSラン出身者以外は説得力が
僕は西京大卒だ（Sラン）
大学受験は「目標」
大学に入って「何をやるか」が「目的」だ
君に「目的《それ》」はあるかい？
!!
結果を出す人「すぐやる人」は目標だけでなく目的も持っている
未来の自分
若き日の田仲秀
自分が将来どういう状態であるかということだ
先生になっている
「目標」とはその状態になるための「指標」だ
教員免許を取る
指標
免許取得に必要な勉強
目的がハッキリしていれば何をすべきかわかるから目標に達するための行動も早い

大学入試というのは「目標」のひとつだ
入学したら「目的」に向かって次の目標を立てる
必須科目取得
目標2
入学!
目標1
入試合格
つまり君なら「西京大を卒業してどうなりたいか」が目的だ
だから……誰にも追いつかれたくないから西京大に……
その「誰にも」という「誰」は、君にとってライバルだった子か?
……
「すぐやる人」はライバルを応援することで自分を高めようとする
だから相手の脱落を喜ばないなぜなら自分を高める機会を失うことだから
もしライバルがいなくなり安心しているなら
君は成長しようとしてないことになる

……今は
今はSランの大学に行きたいとしか言えないけど
それじゃダメですか?!
だからそれは
ダメじゃないわ!
誰にも負けたくないならがんばればいい
それ以上の目的は大学に行ってから見つけることもできるわ
今やりたいことを始めるのが成功の一番の近道だもの
誰にも負けないと思う場所へとりあえず行って
そこで目的を見つけたらいいわ

正しい方法はひとつじゃない
そうですよね
えっ
あっ、ああそうですね
とにかく今はその目標に向かってよ
またHRで集中できるコツとか話すわ
気になるものがあったらやってみて
必ずやりなさいっていうわけじゃないから
説得力がないと言われたのか
藤里先生は教師になりたくてなったんだっけ
まあ
一番の夢は小説家になることで先生は二番目ですけど
大好きな宮沢賢治の研究をして自分も小説書きたくて国文科に行きました
でも、小説では食べていけないと思って教師を目指したんです

今も小説書いているの？
はい、ときどきネットにあげてます
生徒にばれたくないからオフレコで……
ははは誰にも言わないよ
まぁ、今まで「すぐやれない人」だったからオーラがなかったんだろ
オーラがない…
でも大学に行って目的を見つけるというのは説得力があると思うよ
藤里先生がそうなんだし
彼もいろんな道や考え方があると知れば気楽になると思います
そうだな、俺も元は別の仕事をしてた
でも自分の店を持ちたいという夢を捨てきれてないことに気づいて転職したんだ
他の仕事をしていたから「本当の夢」に気づいた
何もしていなければ気づいてもいないさ

先生や俺は「積み上げ思考」で進めたけど
受験勉強は「逆算思考」でやるものだから気づきにくいか……
？
「逆算思考」
ゴールを設定し、そこに到達するために計画を立てて進む
GOAL
頂上に着く日から逆算して今日はあの場所までいこう
「積み上げ思考」
とりあえずやりたいことをやり、その結果からゴールを見つける
目的地は見えないけど
キレイな景色が見たいな
「やれない人」は「何となくがんばるところまでがんばる」で終わってしまう
GOAL
がんばったけど
ムリだった
「すぐやる人」はゴールが見えなくても興味があることをやるので、その結果から目的を見つけられる
キレイな川だ
水源に行ってみよう
「すぐやる人」はどちらの思考もできる
その生徒も成績が良いなら逆算思考はできるんだろ
あとは「積み上げ思考」ができるかだな

誰にも負けたくないなら
がんばればいいわ
「正しい方法はひとつじゃない」か……
そういや垣坂の成績が良いと思っていたときのほうが僕の成績も良かった
昔からサッカーも勉強もできたあいつがかっこよくて
「勉強だけでも追いつきたい」と思ってがんばれた
でも今は……
あいつみたいになりたいとは思わない
ライバルを応援することで自分を高められるってこういうことか
僕は
何を学びたいんだろう
なぜ、西京大の史学科を志望しているんだっけ

この前は言いすぎました
すみません
いえ、私もうまく言えなくて
教わった方法を試しながらがんばります
それと、この私大を併願します
もう少し難しい大学でもいいんじゃない?
でも、上位大学入学が目的じゃないので
古代史を研究できる大学へ行きたくて……
やあ平北くん!
田仲先生先日はすみませ……
ラーメンのかえしを作ったんだ味見してくれ
それより御礼を……
僕は新しいスープを開発しようと思っている
人は進化し続ければならないラーメンも然《しか》り
はあ

西京大ラーメン研究会の初代会長らしいわ
……
三浦先生も試飲してください
いいわよ
じゃあ私が作ったスープも飲んでみて
いろんな人の意見を聞くのは本当に大切ですね
じゃぁ、僕これから塾なので
「すぐやる人」は異なる関心を持つ人との会話も重視する
思考の枠を外すためにいろいろな人やモノとの出会いを経験するんだ
「経験」という点（ドット）を繋ぐと人生が作られる
そうやって結果を出すことができる
田仲先生は平北君の点（ドット）になったのね
っていうか三浦先生もラーメンオタク?!
う、うまい…悔しい
昆布と鶏ガラの配分がミソよ
次は三浦先生よりおいしいスープを作ります！

目標や夢を持つことはいいことだと思っている人はたくさんいます。しかし、目標や夢の見つけ方を知っている人はどれくらいいるでしょうか。

誰かによって与えられた目標を信じてがんばってみても、少しうまくいかないことがあると挫折してしまいます。夢だと思っていたことも、いつからか自分の中からスッと消えてしまっている、ということもあるでしょう。

平北くんは「Sランの大学へ行く」という目標を持っていましたが、本当の目標ではないことに気づき、「古代史を研究できる大学へ行くこと」に変えました。

あなたには、好きなミュージシャンがいますか？

音楽を聴いたことのないミュージシャンを好きになることはありません。聞いたことも見たこともないものには興味が湧くことはありません。そしてそれは偶然の出会いです。目標や夢も同じです。偶然出会わなければいけないのです。

ですから、本当の目標や夢を見つけるためには、行動するしかありません。目標や夢が見つからないのは、ただ行動が足りていないだけなのです。

4

すぐやる人はbeとdoを意識し、やれない人は目標だけを追いかける。

あなたは目標を持っていますか。そして、それはどれくらい明確なものなのでしょうか。

「すぐやる人」は、目標に数字を取り入れることで行動をコントロールしています。一方で「やれない人」というのは、すべてが感覚的になりすぎていて、安定した行動力を発揮することができなくなっています。

しかし、目標は達成したら完了します。つまり終わりがきます。5キロ痩せるという目標は5キロ痩せれば完了となってしまうのです。

だから、目標だけを追いかけるよりも、目的も明確にしておけば、さらに大きな行動の軸を獲得することができます。目標を目標で終わらせないためにも不可欠なのです。

私は目的と目標の違いを考えるときは、**目的を「状態」、目標を「行動」という切り口**

で考えています。

「5キロ痩せる」という目標を設定したとします。このように、「○キロ痩せる！」という目標を口にする人は多いでしょう。

では何のために5キロ痩せるのかを決めていますか？　それが目的の設定です。目的を設定するときには、未来像がどれくらいイメージできているかが重要になるのです。

5キロ痩せた自分はどんな自分ですか？　今の自分と何が違うのでしょう？　鮮明にイメージできますか？　そして、そのイメージした自分の未来像にワクワクできますか？

私の場合は、夏に水着をビシッと着るために、ズボンの上に乗っかったようなお腹がなくなった自分をイメージしました。シックスパックが見えるほどムキムキではなく、お腹のラインが綺麗に見える自分です。

そのような自分をイメージしているので、当然5キロ痩せた

としても、それを維持する必要が出てくるわけです。それによって目標を達成したあとにも行動の指針が明確に持てるわけです。

また、私は大学卒業後、イギリスへ留学したのですが、どこの大学に入学したいかは明確に決めていませんでした。そもそも大学院に入学できるのかもわからなかったので、その時点ではイギリスの大学院で心理学を学ぶことが目的だったのです。

最初の1年間をケンブリッジにある語学学校で過ごしました。街全体が大学に覆われたようなアカデミックだけど、のびのびとした空気を毎日吸っていると、ある日、1年後自分はここの大学院で学んでいるのだということを鮮明にイメージできたのです。

留学の目的がケンブリッジ大学で学んでいることに、シフト・チェンジしました。ケンブリッジ大学で学んでいる自分です。

そうしたら、求められる英語の試験のスコアがひとつの具体的な目標となりました。自分の未来像を鮮明にイメージしながら目的を設定したからこそ、目標が具体的になり、日々の行動の軸が明確になったのです。

このように、**はっきりとした未来像があるからこそ、目標が明確になり、主体性を帯び、今やるべきことがはっきりする**のです。未来像がイメージできないから、目標を立てても、気づいた頃には自然消滅していたりするのです。

「すべきこと」を考えることは日常たくさんあっても、「あり方」を考えることは意外と少ないのではないでしょうか？

あなたの未来像は「どういう自分であるか」なので「状態」の「be」です。そして、それを達成するために「何をすべきか」は「行動」の「do」です。まずは、鮮明に「be」をイメージしてみましょう。

「すぐやる人」は1年後、3年後、5年後、10年後……と、自分がどういう存在でありたいかということを意識しています。遠い未来だからとはっきりとイメージができないならば、無理にイメージする必要はありません。

しかし、1年後や3年後の自分はどうありたいかを考えることくらいはできるでしょう。

5

すぐやる人はライバルを応援し、やれない人は相手の失敗を喜ぶ。

あなたにはライバルがいますか?

仕事だけでなくプライベートでもライバルが出現すると、イラッとしたり、心配になったりしてしまいませんか?

誰でもライバルの存在は気になるものですが、ライバルが出現したときの対処法は大きくわけると、次の2つでしょう。

歓迎するか、蹴落とそうとするか、です。

「すぐやる人」はライバルの存在を歓迎し、ライバルを応援します。一方で、「やれない人」はライバルを歓迎せず、蹴落とそうとし、ライバルの失敗を喜びます。

「すぐやる人」はライバルの存在を必要なものと考え、それによって「もっと自分を高めよう」というモチベーションに繋げます。

ライバルがモチベーションに影響を与えるのかという研究は、1898年にさかのぼります。アメリカの社会心理学者ノーマン・トリプレットの実験では、自転車競技のサイクリストはライバルがいたほうが記録が良くなることを示しました。

また、ニューヨーク大学の研究者たちは6年の月日をかけ、3キロから21キロの中長距離走者を研究し、ライバルがいるときはランナーの記録がどんどん良くなっていくと結論づけました。またライバルがいるということは、未来へのモチベーションにもなると言っています。

ある実験では、317名の被験者にオンラインで競争についてのアンケートに答えるように指示しました。半数はライバルがいた競争を思い出してもらい、残りの半数にはライバルではなく単純な競争を思い出してもらいました。

すると、ライバルがいたときのことを思い出したグループのほうが、その競争のときに強いモチベーションを感じ、より良いパフォーマンスができたと報告したのです。

しかし、ライバルを持つということは、非倫理的な行動の引き金となる可能性があります。相手に嫌がらせをしたり、陰口を言ったり、悪い噂を広めたりなどをして、相手を蹴落とそうとします。

これは「やれない人」の典型的なパターンです。本来すべきことの対象は嫌がらせでも陰口でもありません。ライバルと同じ土俵で自分にできることをやるのが、正解です。

ニューヨーク大学のガービン・キルダフ准教授は、ライバルとの関係性が競争の中での行動を決める大きな要因であるとしています。知らない人よりも、友人のほうがライバル関係としてモチベーションにプラスの作用することもわかっています。

つまり、**ライバルと良い関係を築き、お互いがお互いの心に火をつけ合うことが私たちに良い行動を促します。**

確かに、私も高校時代の学力が伸び始めた頃には、ライバルがいました。数名の友人と試験のスコアを競うようになってからは、成績の伸び幅が大きくなったのです。相手を蹴落とすのではなく、相手のスコアを超えるべく、自分自身と向き合うということです。

相手がどういうスコアを出すかは誰にもわかりませんし、それは自分の力の及ばないものです。だから、自分自身ができることを精一杯やる。それしかありません。そして、それがプラスのモチベーションを生み出すのです。

つまり、ライバルと友好な関係を築くほうが、モチベーションに良い影響を与え、パフォーマンスの質が向上します。だから「すぐやる人」はライバルと友好な関係を築こうとします。**ライバルを応援することで、自分をもっと高めることができる**のです。もっとがんばろうとアクティブに、そして前向きになれることを知っているからこそなのです。

人は人から大きな影響を受けます。心理学者アルフレッド・アドラーは「人間の悩みは、すべて対人関係の悩みである」と断言しているほど、他人との関係は日常から切って離すことができないものです。

ライバルの出現は切磋琢磨する環境をあなたに与えてくれます。その存在をエネルギーに変えることで、より行動的にアクションを起こしていくことができるのです。

「すぐやる人」はライバルを応援することで自分を高めようとする
だから相手の脱落を喜ばない なぜなら自分を高める機会を失うことだから

6

すぐやる人はツーウェイ思考、やれない人はノーウェイ思考。

「逆算思考」と「積み上げ思考」。

聞いたことがある人も多いのではないでしょうか？

逆算思考とは、まずゴール設定をして、そこに到達するためには今何をして、どのように進めていくのかを決めて、そのプランに沿って行動していくという考え方です。

積み上げ思考は、逆算思考と逆のアプローチです。どこまでいけるかはわからないけれど、今できることを精一杯やるという考え方です。

確かにビジネスやプライベートにおいて、逆算思考は多くのメリットを私たちにもたらしてくれます。

逆算思考とは、料理のようなものです。作りたいもの、つまり作りたい未来が明確に決まっているのです。とりあえずいろいろ混ぜて炒めたら、こんなものができた、というわけではありません。

逆算思考には、到達したいゴールがあり、そこに向かってアクションを積み重ねていくので、道筋が明確で、行動にいつも基準があります。

例えば、カレーを作るのならば、どんな具材が必要で、それらをどう準備して、どう調理して、どういう順番で鍋に入れていくかなどを考えます。

また、ゴールを明確にすることは、やらないことも決めることですので、ムダもありません。東京から京都へ向かうときに、わざわざ仙台に行く人はいません。それと同じです。

逆算思考をすることで、基準が持てるので、行動が具体的になります。

特にビジネスでは、「何を成し遂げる必要があるか」といったゴールと、その締め切りが明確に定められていることが多いので、逆算思考はとても有効でしょう。

「これは今やらないと間に合わないぞ」ということもわかります。

「やれない人」は逆算思考を持っていません。ゴールを考えられませんので、「なんとなくがんばれるところまでがんばりました」というように考えがちです。

ただ一方で「すぐやる人」は積み上げ思考も否定せず、ときに必要だとも考えています。

どんなときに有効かというと、目標が設定しにくいときです。

自分自身での夢を持とうとしたり、目標を設定しようとしたりしても、何がしたいかわからない人が最近増えています。彼らの気持ちを考えれば、わかります。

夢や目標を無理に探して持とうとしても、気持ちは乗らないでしょう。今の時代はかつてないほど選択肢にあふれ、どの扉の向こうに、心から生きていることの喜びを感じている自分がいるのか、選択に迷ってしまいます。

そこで、「将来何に繋がっていくか今はわからないけど、やってみたいからやってみる」という選択肢は持っておきたいものです。

先生や俺は「積み上げ思考」で進めたけど
受験勉強は「逆算思考」でやるものだから気づきにくいか……
？

心理学では「内的動機づけ」とも言いますが、「好きこそものの上手なれ」ということわざのように、「やってみたい」「楽しい」という気持ちも大切にしたいものです。

「すぐやる人」は目標設定したものだけに取り組むのではなく、自分の気持ちに素直なので、興味を持ったものにはアクティブに取り組みます。

私もかつては逆算思考が重要だと思っていました。

しかし、海外に行き、「やりたいことをやらないなんて、何のために生きているのか」という考えに触れたとき、私は自分の気持ちに素直にならずに追い込み、焦っていたことに気づきました。追い込みすぎて何もしたくない自分がいたのです。

逆算思考はゴールから考える思考法で、積み上げ思考は現時点からどんどん歩いていく思考法ですので、逆の考え方です。

どちらかが重要なのではなく、どちらも使い分けていきたいものですね。

Column

すぐやる人は戦略的に睡眠を活用する

あなたは脳がフル回転できる状態で1日を迎えるための睡眠の勝ちパターンを知っていますか？

意志力は睡眠をとると回復しますが、一般的に6時間未満の睡眠は意志力の回復を妨げ、誘惑に負けてしまう可能性が高くなります。あなたにとって最適な睡眠を確保することさえできれば、誘惑に負けないように前頭前野がうまくコントロールしてくれるようになるのです。

私の場合は23時頃ベッドに入り朝5時に起床すると、脳がスッキリとした状態で1日に臨むことができます。起きた瞬間から仕事や原稿のアイデアがどんどん湧き出てきます。たいてい9時くらいまでは脳が活発に機能しているので、この間に大きな課題をどんどん進めていきます。すると、今日という1日をコントロールできている感覚になり、さらなる活動のエネルギーに繋がります。

週末も同じ時間帯に起きます。起きる時間を遅くしまうと体内のリズムが狂い、月曜の朝がつらくなるからです。それでは、1週間のスタードダッシュがうまくいきうません。

睡眠とは1日の終わりではなく、次の日の始まりだと捉えてはどうでしょうか。

睡眠は明日の命運を握っているのだというくらいの意識を持つことが、明日をより良いものにするための第一歩です。

第3章

スキルアップ編

浜凪高校文化祭
「浜凪祭」
第45回
浜凪祭
3年2組の映画は大成功でクラスのムードも上々
その上学年主任の三浦先生にも褒められて
2組は全体的に成績が上がってるわね
でも
進路未定の子が一番多いからそこは気をつけて
中間考査もみんな成績が上がってる
なのに、なぜ決まらないんだろ……
採点しなきゃ
ずっと仕事をしているとパフォーマンスも落ちる
積極的に休み、リフレッシュすることも大事だ
最近家でも仕事してるし
日曜は気分転換しようかな……
日曜
ホール

中村一騎さんの脚本やっぱりいいなぁ
パンフにインタビュー載ってるかな
あれ？
松川さん！
ヨッシーを誘ったんだけど今日は塾のテストで
演劇部の子もネットで見るドラマの方が好きなんだって
松川さんは本当にお芝居が好きなのね

映画も演劇部の舞台もかっこよかったわよ
ありがとうございます
私、気が強い役が多いんです
か弱いヒロインもやってみたいけどやらせてもらえなくて……
先生もお芝居好きなんですか
ええ、脚本に興味があるの
演劇部の顧問もやってみたいな
先生……私
進路は未定で出しているけど
行きたい学校あるんです
バースステージアートカレッジ
STAGE ART COLLEGE
家から通えるし在学中から地元テレビ局に出るチャンスもあるんです
でも、親が反対してて
私も大学に行く気で浜凪高校に来たんだけどやっぱお芝居したいです
とりあえずやりたいことをやりその結果からゴールを見つける

それ個別面談のときに聞きたかったな
えっ
夏休み前の三者面談で一緒に親御さんに相談しましょう
……
はい
翌日放課後
演劇系の専門学校の進学実績？
職員室
はい、生徒の一人が希望していて
芸大に進んだ子はいるけどちょっと待って
メールでリストを送ったわ
早っ
ありがとうございます
ほんとだ芸大ばかり
舞台系の専門学校に行った子はいないのね
ネット以外の学校情報もほしいな
過去に実績がなくても資料はあったりしますか
進路指導室に学校に送られてきた過去数年分のパンフがあるわ

これから送られてくるものは分掌主任に聞けばわかるわ
あなた進路指導部でしょ
ガラッ
そうか！
それでもないときは？
私が資料として取り寄せ依頼するわ
ありがとうございます
お願いします！
慌てて走らないでね！
ピューッ
タッタッタ
早歩き
躊躇なく人にものを頼めるようになったわね
そうなの
女子御手洗
私いつも気が強い役ばかりでさぁ
早く現場に出たいから
やっぱり専門学校に行きたいの
つかさんちは親が厳しいからね

私現場で伸びる自信あるんだけどな
そろそろ水流そうか
岡さんどう？
……
奥の個室だけでしょねぇ、まだ？
……
黙ってちゃわからない！
こっちは２人で個室３つ終わったのよ
汚れがひどかったから……
だから聞こえない！
じゃ私、ここを水洗いしてるからヨッシーはゴミ捨ててきて
そんで帰ろうよあとは岡さんにやってもらって
でもそれじゃ岡さんが
遅いのは自業自得でしょ
バシッ
自業自得って何よ！

ひとつだけって言うけど ここは他の個室より汚かったでしょ
あんたも昼休みに奥のトイレは使えないって言ってたじゃない
それを私に押しつけといて何？ 時間かかるの当たり前でしょ！
声が小さいとか、さっさとしろとか、それはあんたが正しいと思う、でも
人の気持ちを想像できない人が
女優になるなんて無理だと思うけど！
松川さんの演技ワンパターンだろ
そうそう だから似たような役しか任せられないよ
なっ
女子御手
何よ！ アンタに何がわかるの!!!

アンタなんか何もしてないじゃない
見てるとイライラするわ!
夢がある私がうらやましいんでしょ
どうせ進路も決めてないんでしょ
女子御手洗
そうやって自分だけがんばってるって決めつけてる!
それが視野が狭いって言うのよ
先生呼んできて
そんな人が他人を感動させるなんてできないわ
女子御手洗
本気で役者になりたいなら劇団に入ればよかったじゃない
なんで入らないの?自信ないの?
本気じゃないから親に反対されるんじゃない?
パン
ほら、図星だから叩くんでしょ
サイテー

うっせーな
掃除しないなら帰れ！
お前副委員長だろ何やってんだ
何よ平北まで！
ガコン
ジャ
ガタガタ
自分の分担終わったから帰る
ちょっとアンタ！
2人とも余裕なさすぎ
キッ

男子は出ていきなさいよ
バタン
あっ、先生
岡は帰っちゃいました
松川さんどうしたの?
コン コン
何でもないです!
希望校の資料がそろったわ
掃除終わったら職員室に来てね
はい
さぁ、みんなは掃除終わったの?
パン パン
やっべー
チェックするわよ
ケンカの理由を聞く前に
専門学校の話をしたら落ちついてくれるかな
……と思ったけど
……
すっぽかされた

すみません
藤里先生と学年主任はいませんか？
三浦先生は今外出中です僕がかわりに対応します
3年2組の松川さんの親御さんからお電話です
まだお子さんが帰ってこないとのことで……
!
田仲先生すみません
いえ、今日は車で来ていてよかったです
それで吉田さんは何と？
吉田さん
松川さんと駅まで一緒に帰ったそうですがそのあとはLINEにも返事がこないと言っていました
――で先生は
進路のことで悩んでいて、それが原因でケンカをしたと考えているのですか
松川つかさの母
つかささんは自分に自信を持っていますこれもひとつの才能です
そんなの根拠がないじゃないですか

根拠なき自信があるから強いんです
不安につきまとわれて行動できずにいると結果が出ません
自信があるように振る舞うことで本当に自信が湧き行動できます
自信があれば失敗してもそれをいかして前に進めます
あなたはなぜ
ピンポーン
玄関で会いましたつかさの父です
劇団の団員募集の有無を劇場まで聞きに行っていたそうです
ごめんなさい……
なぜ、そんなことを
今日が芝居の千秋楽だったから
今日が講演の最終日?あの劇団だ……
会場にいる関係者と話すチャンスは今日だけと思って
メールでいいじゃない!
直接会った方がアピールになるし……
自信がないの?

それで
どうだった？
ほら！
みなさい
でも
劇団の人とは
話せたわ
あなたの熱意は
素晴らしい
でも高校生なら、やるべき
勉強をして卒業してから
挑戦してください
周りに反対されているそう
ですが
そういう状況を
エネルギーに変えてください
自分で決定し
自分の責任で
行動する
そうすれば後悔も
しない
だから
卒業までは
勉強をがんばる
でも卒業後は
夢にチャレンジ
したい
自分で選んだ道
だから
失敗しても
お母さんたちの
せいにしない
そういうこと
じゃなくて
お前の成績表は
母さんから
見せてもらった
今のままでは
私たちが入ってほしい
大学は無理だろう

どうしても女優になりたいならその専門学校に行っていい
ただ、現国の偏差値は今から10アップさせなさい
あなた
女優なら台本を深く読み解く必要があるはずだ
今の成績では学費を出してる親としては納得できない
必要な勉強を修めて卒業する
それが今のお前のとるべき責任だ
やった！私、現国がんばる
待って芸大でも演技は学べるでしょ
役者として芽が出なかったときのことを考えると大卒の方がいいわ
藤里先生はお若いからわからないでしょうけど30代も半ばを越えたらわかりますよ
ねえ、田中先生

お母さん
僕は33歳です
えっ
そして
「誰に会うか」で
進路を決めるのも
大切だと思います
行動が早く結果を出す
「すぐやる人」は
「何を学ぶか」
以上に「誰と学ぶか」を
大切にしています
意識が低い人の輪に入ると
「こんなものか」と妥協して
しまいますが
まぁ…
このくらいで
いいか…
これで
いいや
もっと
良い
作品に!
自分も
がんば
ろう!
志の高い人たちの中に入ると
「やるしかない環境」になる
ので無理せず前進できます
そういう意味では
つかささんは
現場に近い専門学校が
いいのではないですか
でも娘が
女優の世界で苦労したら
どうすればいいか……
親御さんだけが
娘さんを
支えるのでは
ありません
私たちも
います

一緒につかささんを応援して
彼女に何かあったときは
手を差し伸べましょう
卒業後も
相談に
来てください
はい!
翌日
先生!
ありがとう
ございました!
一番
反対していた
母が了解して
くれました
僕の年齢も
了解してくれれば
うれしいんですが
田仲先生の説得には
ちょっと感動しました
田仲先生は
人を動かすのが
上手ですね
33歳だしね

説得するには相手の求めていることを知る必要がある
お母さんは不安を解消する言葉がほしかったんだと思う
自分の考えを押しつけても誰も動かない女優も同じだろ?
人を感動させるということは人を動かすということだ
あ!
あんたは正しいと思う、でも
人の気持ちを想像できない人が女優になるなんて無理……
そういうことなんだ……
おはようございます
田仲先生、ブログに載せていた野菜炒めラーメンを作ったけど私はダメだったわ
えっ
おはようございます
僕の舌が間違っているとでも?
いえ、私には油っぽくて
レシピでは油の量を減らしたらどう?
聞けません。あの配分がベストなんです!
自分の考えを押しつけてる……
田仲先生はラーメンオタクとしては「やれない人」かも……

私は今でも怠け者です。すぐにラクしたいという気持ちが作動して、もう一人の自分とのバトルが始まります。こんな私でも成果を出してこれたのは、環境を選ぶことには妥協をしなかったからです。

私の高校は大学に進学する人が半数しかおらず、私のように年を越してまで受験する人はほとんどいませんでした。その私が2月の一般入試までがんばれたのは、塾にがんばる仲間がいたからでした。一人でやっていたら、挫折していたかもしれません。

また、詳しいことは後述しますが、初めて本を書く前に出版セミナーに参加しました。出版で大きな成果をあげていた方とも交流ができ、彼らがどのような考えを持ち、どのように成果を出したのかを聞くことができました。

本章でも松川さんは俳優（女優）を目指すため大学進学を断ち、専門学校へ行くことを選びました。将来の職業の選択肢は減りますが、意識の高い人たちと毎日接することになり、互いに能力やモチベーションを高め合っていくことになるでしょう。

やりたいことが見つかったら、ぜひそれを実現するための環境を探すことに努力をしてみてください。自ずとやる気が湧いてくるに違いありません。

7

すぐやる人は教わり上手、やれない人は頼り下手。

父親が米相場に手を出し、失敗してしまった。10人家族は平穏な生活を突如失い、故郷を捨てなければならなくなった。小学校に3年半しか行けず、その後も学校には行けなくなってしまった――。

これはパナソニックの創設者、松下幸之助さんの実話です。

あなたが、もし同じ境遇にあったとしたら、人生を諦めてしまいそうになりませんか？

私なら間違いなく諦めると思います。

しかし、松下幸之助さんは成功できた要因のひとつとして、学校に行けなかったことを挙げられているのです。

学校を出ていない松下さんは、わからないことばかり、知らないことばかり。だからこそ、素直に人に聞くということしかない、と考えたのです。人に素直に聞き、知識や知恵を学び続けたことで大きな成功を手に入れました。だから、学校に行くことができず、人並みに学ぶ環境がなかったことを成功の要因に挙げられたのです。

あなたも素直に人から学んでいますか。誰からも学ぼうとしているでしょうか。「すぐやる人」は人から学びます。人から素直に学びます。年齢や国籍などは関係ありません。好奇心が旺盛なので、素直に「教えてください」と言うことができます。

確かに、インターネットは便利で、疑問への回答を一瞬で探すことができるかもしれません。しかし同時に、何が正しくて何が間違っているのかもわからないほど情報であふれかえっています。

私がジムに通う理由のひとつは、お腹まわりの贅肉を落とすためです。ネットで検索するとたくさんの情報が出てきます。こんなトレーニングをしたほうがいい、あんなトレーニングをしたほうがいい……。よくわからないので、トレーナーさんにお腹の現状を伝え、どうすればいいかを素直に聞いてみました。

インボディ測定と言って、体を構成する基本成分を分析してもらうと、やはり数字から見てもお腹の贅肉の多いことがわかりました。それをなくすためには有酸素運動と筋トレの組み合わせが重要だということなのですが、これだけではまだわかりません。

そこで、どのマシーンで有酸素運動をすれば脂肪の燃焼が早く、どこをどれくらいの負荷で鍛えればクビレがつきやすいのかを、教えてもらいました。

すると、これまで以上に腹筋に負荷がかかってしんどいのですが、確かにお腹の余分な贅肉が落ちていったのです。


「すぐやる人」は教わり上手なのですが、教わり下手な人は質問をする割にはやらないのです。

私は多くの企業や大学などで教育にかかわりますが、「伸びる人」と「伸びない人」の違いもここにあると思っています。**伸びる人はアドバイスしたら、すぐに試します。とにかく素直にやってみる**のです。だから次回会ったときには、何かしらの反応があります。

「アドバイス通りやってみたら、うまくいきました」という場合もあれば、「アドバイス通りやってみたのですが、まだうまくいかなくて」という場合もあるでしょう。

どちらの場合にしても、アドバイスした側からすると、アドバイスを素直に実行する人は助けたくなります。より良くなってほしいと思います。うまくいかなかったのであれば、どこで詰まってしまったのかを一緒に考え、次こそはうまくいけばいいと思います。

しかし、アドバイスを請う割には素直にやってみない人や、自己流をどうしても貫いてしまう人は、アドバイスしてもどうせやらないんだから、「アドバイスする必要はない」と判断されてしまうと思いませんか？

案の定、自分のやり方に固執してしまう人は、伸びません。

「すぐやる人」は人からも好かれるのです。もっと教えてあげたくなる人なのです。みんなそれぞれ、環境も、専門も、経験も、考えも違います。

だから、自分にないものを持っている人から素直に学ぶ心を持っておくことで、自分を磨く速度を速めることができるのです。

8

すぐやる人は根拠なき自信を持ち、やれない人は自分を否定する。

「最初にあったのは夢と根拠のない自信だけ。そこからすべてが始まった」

こう語ったのは、ソフトバンクの創業者である孫正義さんです。

しかし、自分に自信が持てない人が増えています。自信が持てないから、一歩踏み出せず、ここぞというときに後ずさりしてしまいます。自分に自信が持てないことは、仕事もプライベートも踏み出すべきときに、停滞を生み出す原因となりかねません。そして、その自分にまた自信を失ってしまうという悪循環を招きます。

日本青年研究所の調査（２０１１年）で、「私は価値がある人間だと思うか」という質問をしたところ、アメリカの高校生の57％、中国の高校生の42％が「はい」と答えました。

一方で、日本の高校生はどうだったでしょうか？

なんと、８％しか「はい」と答えなかったのです。「自分なんて」「どうせ無理だ」といった思考のパターンが染みついてしまっているのです。これだと、チャレンジするどころかリスクに対して臆病になってしまい、嫌なことはどんどん先送りにしてしまいます。常に不安につきまとわれている状態なので、「やれない人」になってしまいます。

行動経済学では、新しいものにチャレンジせず現状維持をしていたいという心理状態を「現状維持バイアス」と呼んでいますが、それに拍車をかけるのが自信の欠如です。「やれない人」は「実績がないから自信が持てない」と考え、現状維持に甘んじてしまいます。

一方で、「すぐやる人」は**「自信さえ持っていれば、実績はあとからついてくる」**と考えます。もっと言うと、「自信がないから、やらない、やれない」のではなく、**「やるから自信がつく」**のです。

私はマイケル・ジャクソンの映画『THIS IS IT』の監督で世界最高の振付師トラヴィスさんの通訳をさせてもらったことがあったのですが、オファーをもらったときの実績はゼロ。マイケル・ジャクソンについても無知です。通訳という仕事は、通訳する方の背景知識がなくてはうまくいきません。世界的なエンターテイナーのこれまでの実績や作品などについて頭に入っていないと、仕事にならないわけです。

しかし、オファーをもらって、引き受けるまでには時間は必要ありませんでした。私よりすごい実績を持つ通訳の人たちはたくさんいて、確かに尊敬に値しますが、「結局は同じ人間でしかない」と考えたのです。「誰かにできることは、自分にもできる」と。そして、通訳の人たちの動画をたくさん見て自分の中にイメージを刷り込んで、なりきることに徹しました。

そうすると、実績も根拠もないけれど、自信が湧いてきて、イベントに参加した人たちからは「自信も実績もある通訳にしか見えなかった」と、言ってもらうことができたのです。ご本人からもその仕事っぷりを認めてもらうことができて、横浜アリーナで開催されたダンスコンテストでも、そうそうたるアーティストの中で審査員席にも座らせてもらうことができました（もちろん通訳としてです）。

根拠なき自信があるから強いんです
不安につきまとわれて行動できずにいると結果が出ません
自信があるように振る舞うことで本当に自信がわき行動できます

実績がなくても、根拠なき自信を持ってチャレンジした結果、それ以降はどんな緊張する場面でも乗り越えられる自信がついたのです。

ハーバード・ビジネススクールなどでも教鞭をとる社会心理学者のエイミー・カディは、「自分のなりたい姿になりきってみることは実際にそうなるまでのプロセスである」と言っています。

彼女のチームの研究では、被験者に強いポーズと弱いポーズのどちらもやることを求めました。すると、自信がないときに強いポーズをとると、自信が出てきたり、リスクを進んでとれるようになることがわかりました。反対に弱いポーズをやると、まったく逆の反応が見られたのです。**自信があるように振る舞うことで自信が湧いてくる、そしてストレスが減少する**ということがわかったのです。

「できるか、できないか」ではなく、根拠なき自信が大きな自信をつけるための第一歩なのかもしれません。

9

すぐやる人は誰に出会うかで環境を選び、やれない人は何を学べるかで環境を選ぶ。

私たちは、成長し続けるために継続して学んでいくことが重要だということは、よく理解しています。

確かに、何を学ぶことができるのかというのは、大切です。しかし、学ぶ上で、どんな仲間を選ぶかのほうが、最終的にどんな人生を選ぶかに繋がってくるので重要です。だから、**「すぐやる人」は何を学ぶか以上に、誰と学ぶかを大切にしています。**

世間では無料のセミナーがあふれており、そこで学ぶ機会もあります。ただ、有料セミナーに集まってくる人の質が違います。お金を払ってまで来る人は、それだけ学ぶ意欲が高く、成果に繋げる意識が高いのです。

無料だともちろん出費はないので、犠牲を払う必要がありません。だから何も取り戻す必要性がないのです。一方で、お金を払ってまで学びたい人は、犠牲を払っているので、学びを成果に変えたいと考えています。

環境について、カナダ人心理学者アルバート・バンデューラはこんな実験をしました。子供たちを2つのグループに分けて、グループAには一人の大人が「人形」に暴力を振るっているシーンを、グループBには普通に大人が遊んでいるシーンを見せました。そのあと、各グループの子供たち一人ずつをおもちゃの部屋に入れ、その行動を撮影しました。

その結果は、グループAの子供たちはグループBの子供たちに比べて、目に見えて攻撃的だったのです。

この実験から、観察学習が私たちに大きな影響を与えていることを結論づけました。他の実験でも、アニメよりもテレビ、テレビよりも実体験のほうが影響力が強いこともわかっています。

つまり、**私たちは環境に大きな影響を受けます。**日々当たり前のように目にする環境に影響を受けるのです。

行動が早く結果を出す「すぐやる人」は
「何を学ぶか」以上に「誰と学ぶか」を大切にしています

意識が低い人たちといれば、自然と自分の意識も低くなりかねません。「こんなもんで大丈夫かぁ」と妥協してしまいます。誰と学ぶかによって、その環境が行動の基準として働くからなのです。

この程度で大丈夫だと思ってしまうことは、もちろんあなたから成長の機会を奪っていくことでしょう。

意志力が強く、自力で何でもテキパキとできる人にとっては何ともないことなのかもしれませんが、私を含め、多くの人はそうではないはずです。だから、ダラダラした馴れ合いの関係の中に身を置いていては「やれない人」になってしまいます。

行動力の高い人たちの輪の中に入ることは、大きなモチベーションを生むのです。

観察学習とは、他者の行動を見るだけで、その行動を学習してしまうことを言います。他者の行動やその結果をモデルとして観察することにより、観察している人の行動に変化が生じます。

だから、他者が何かにおいて成功やいい結果を収めることを目にすることで、私たちの自己効力感（自分にはできるという感覚）を高揚させることができ、行動力の向上にも繋がります。これを心理学では「代理強化」と言います。誰と学ぶかは私たちの成長にはもちろんのこと、行動にも影響を与えるのです。

私も本を書きたいと思って、出版したい人向けのセミナーに通いました。確かにお金はかかります。ですが、志の高い仲間に恵まれました。大阪のセミナーなのに、東京や名古屋からも本気で本を書きたい人たちが集まってきていました。そのような切磋琢磨できる環境に身を置いて、ぐずぐずしている暇はありません。やるしかない環境を手にすることができたのです。それは、代償を払ったからこそです。

やるしかない環境を作り出すことは「すぐやる人」にとっては不可欠です。だから、何を学ぶかも大事ですが、誰と学ぶのか、切磋琢磨し合える環境を探すことには労を惜しんではいけないのです。

Column

すぐやる人は物語を読む

私たちの毎日は選択の連続です。情報を徹底的に集めたり、思考に思考を重ねたりしても、意思決定することが難しい状況というのはよくあることです。しかし「すぐやる人」は、とにかく直感が鋭く、勝負どころで迷いません。

「すぐ行動できるかどうか」の直感を鍛えることで仕事やプライベートでも大きな成果を出すことができます。

直感力を鍛えるための方法はさまざまですが、中でも重要なものを２つご紹介しましょう。

ひとつは、まず経験をたくさん積むこと、とにかくチャレンジをたくさんすること、そしてうまくいかなかったらしっかりと改善策を考えることです。将棋の羽生善治さんは、「直感の７割は正しい」と仰っていますが、当てずっぽうからくるものではなく、思考に思考を重ね、たくさんの経験を蓄積しておくからこそ、ふとした瞬間に直感が働くのだそうです。

もうひとつは、右脳を鍛えることです。子供の頃、母親に絵本の読み聞かせをしてもらった人も多いでしょう。物語を聞きながら頭の中で、ひとつひとつのシーンを頭に描きます。言葉や文字だけを頼りに、頭の中でイメージを描くのです。このとき右脳は活発に動き、刺激されています。小説や物語を楽しむことは想像力を必要とするので、右脳を刺激します。それは直感力を鍛えるための最高のトレーニングでもあるのです。

第4章

自分を動かす 編

いいよ そう言えよ
今日俺が ここにいること お前しか 知らないし
俺どうせ 大学いけねえし
Ragi
今から 貸し切りだ
誰も聞いてないから 安心しな
会議室が とれなくてすまない
沖原先生もこの店の 常連だったんですね
昨夜、淵田学園に 呼ばれたという 件ですか?
ああ、学年主任の 三浦先生と 行ってきた
進路指導部
沖原《おきはら》 典男《のりお》

昨日の放課後淵田学園の2階の廊下の窓が割られているのが見つかって
うちの青いネクタイをした生徒が逃げていったという話や
その前に言い争いを聞いたという話もある
淵田の校舎は2階の窓から平屋根を伝って地面に降りられる
運動神経のいい生徒なら簡単だ
言い争いしていた生徒の一人は2年生で
去年まで垣坂の近所に住んでいた幼なじみだったらしい
家庭が複雑な子で学校に家族が呼ばれたら垣坂が兄代わりとして行ってたそうなんだ
えっ、じゃあもしかして
淵田の先生は垣坂が犯人だと思ってる
ケンカの加勢に入った彼が割ったんじゃないかって
うーん垣坂君じゃないと思いますが……

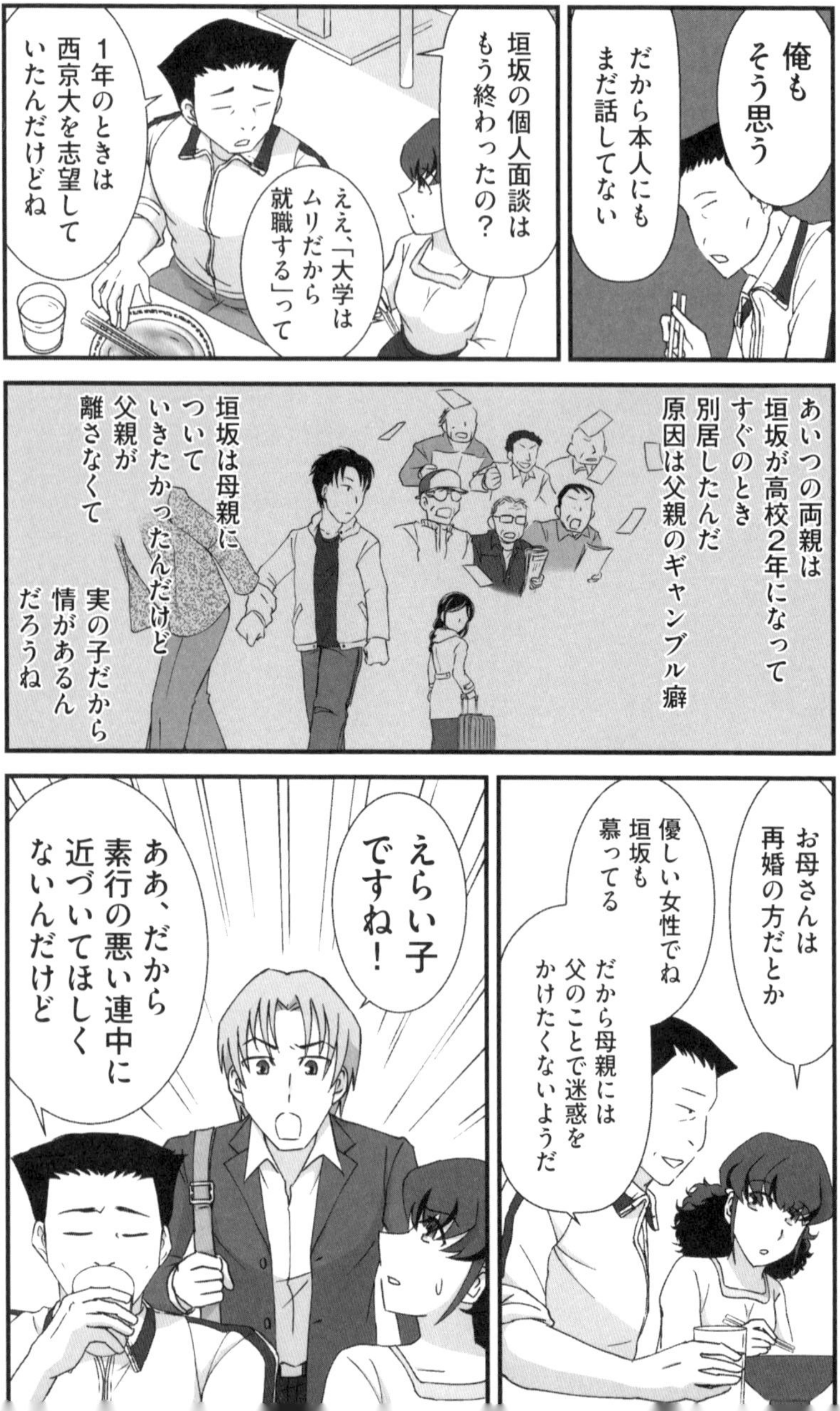

俺もそう思う
だから本人にもまだ話してない
垣坂の個人面談はもう終わったの？
ええ、「大学はムリだから就職する」って
1年のときは西京大を志望していたんだけどね
あいつの両親は垣坂が高校2年になってすぐのとき別居したんだ原因は父親のギャンブル癖
垣坂は母親についていきたかったんだけど父親が離さなくて
実の子だから情があるんだろうね
お母さんは再婚の方だとか
優しい女性でね垣坂も慕ってる
だから母親には父のことで迷惑をかけたくないようだ
えらい子ですね！
ああ、だから素行の悪い連中に近づいてほしくないんだけど

沖原さん
こいつなら
いいだろ
のれん
下げても
こうやって
勝手に
入ってくる
田仲先生
なら
いいですよ
教師としては
信頼できます
から
何か気になる
言い方ですが
まあいいです
あ、日替わり
ラーメン
ここんところ
欠席がちで
口数も
少なくなって
家庭訪問しても
誰もいないし
電話もでない
子供の人間関係の
ロールモデルは親ですからね
何か諦めてしまったのかも
少しでも
話す友達が
いれば
いいんだけど
私、もう一度
垣坂君と面談します
何かわかったら
お伝えしますね
お願いします!
田仲先生
まで……

大学？
3－2
そりゃ行きたいけどさ……
無理っしょ今の成績じゃ
今からがんばればいいじゃない
はあ？
来年は無理でも再来年に入れるかもしれない
行きたい学校に挑戦してみたら？
でも俺入りたいのは西京大っすよ
いいわね！希望学部は？
……経済学部
情報学科経営学科……どこ希望？
俺そこまで真面目に考えてないっすよ
じゃあ勉強しながら考えましょう
あ、はい

勉強しながら大学で何をしたいか考えてみて
具体的な目標は大学入学後でもいいんじゃない
まずは各教科偏差値アップを目指しましょう
来週から始まる土曜補講も
全教科受講手続きしとくね
でも、俺の今の成績じゃ
垣坂君サッカーやっていたんでしょ
試合には負けると思って練習した？
んなわけねーし
それと同じよ
試合が終わってもすべてが終わるわけじゃないわ
三者面談の日程をお父さんと相談してね
チョーシくるうわ…
3-2
西京大
彼、平北君と同じ中学だっけ

翌日 放課後
職員室
平北くんが言ってた西京受験をやめた友達って
垣坂くん？
ええ……あいつ何か言いました？
ううん 私がそう思っただけよ
あいつ今友達いるのかな……
藤里先生っ！
病院まで同行してくれないか
垣坂が淵田学園の生徒とケンカしてケガしたそうなんだ
主任の三浦先生は研修に出てるから藤里先生だけは来てくれないか
あの……この生徒も
連れていっていいですか？
へっ
浜高の生徒さんは転んだとき頭部をケガしたそうです
うちの生徒2名は軽い打撲だけです

先日の窓ガラスの件と関係があるんでしょうか
ええ、その件でうちの生徒が先に手を出したようで
申し訳ないです
先生謝らなくていいよ
あいつスマホで誰かに自分が割ったのどうのって言ってた
静かに……
だから犯人はあいつだって
実は垣坂のバイト先に確認したらその日急に休んだって
エッ
ほら！
じゃあやっぱり窓ガラスは……
すみません俺です
いつも親のことであれこれ言われててさぁあの日も絡まれて
せっかくバイト休んだのにデートに遅れる羽目になって
むしゃくしゃして割っちまったんです

大地ケガしたって大丈夫なんスか
垣坂の母です
桂木くんと受付で会って
淵田学園2年
桂木《かつらぎ》　行雄《ゆきお》
すみませんうちの子が
だから大地は悪くないよ
あいつんとこ行ってやってよ
俺、親が蒸発しておじさんちにいるんだけど
ガラス代弁償かなって考えたらおじさんに迷惑かけるの恐くなってて
来年、私大の推薦狙ってるのにバカやったって大地に相談したら
あいつ「俺がやったことにしろ」って
「俺は大学に行けないけどお前は行け」って
桂木にあれこれ言うのはお前らか
……
えっ違うって
言ってる奴らは知ってるけどさ俺らじゃないよ

大地、俺がデートだからってバイト代わってくれたんだ
しかも自分のバイト休んで
わかったから誰に言われたか言ってごらん
私たちここにいますから
ロビーで話されてはどうですか？
垣坂くんあの子のお兄さんみたいですね
我々がもっと見てあげればよかった
せめて対等な友達が……
あ
大地、あんな言い方したらお医者さんもびっくりするじゃない
お父さんはきっと事情があって来れないのよ
無理にフォローすんな
あんなクソ親父
いーかげんにしろ

お前っ何してんだよ
?!
ズカズカ
あら平北くん
お久しぶり
ご無沙汰してます
まて
ぐぐぐ
お前、夜に町をふらついているだろ
塾の前でときどき見かけるぞ
バイト帰りだ
それよりなんでお前ここに
僕は委員長だ
あーはいはい
それにクラスメイトだからってのはダメか?
は?
中学から知っている仲だし心配しちゃ悪いかよ
何言ってんだこいつ
先生たちはお母さんに話があるからちょっと離れるわ

お前、西京大受けないのか？
お前なら今から勉強しても間に合うだろ
親父さんが反対したのか？
反対したっていうか、お前じゃ無理って言われた
じゃあ見返せよ
でもさ、ずっとあの親父見てたら諦めたくなるぜ
人生諦めて博打ばっかりしやがって
母さんの仕送りもつっこんでさ
〇〇銀行
俺とあいつは血が繋がってんだ
母さんかわいそうだから離婚してほしいんだけど
俺戸籍上で親父と2人きりになるのイヤだし……
でも、でもって何もせずにお前も「諦めた大人」になるつもりかよ
どうして状況を変えようとしないんだ
うるせーなお前に俺の気持ちが
ああわからんわ

独学だけで
学年トップ取れるくせに
無理だの言いやがって
塾行ってがんばって
浜高に来た俺の気持ち
わかってねえだろ!
……お前
中学のとき
格好よかったよ
飄々《ひょうひょう》として
スポーツも
勉強もできてさ
ちょと…
今のお前は
おさななじみや
親父のこと
面倒見て
偉いと
思うけど
でも
何か違う
諦めて
ばかりで
かっこ悪い
朝のジョギング
つき合えよ

は？
お前が休んだ日に
藤里がHRで言ってた
朝起きてから2、3時間後の
脳が一番活発なんだって
さらに
スポーツすると
活性化するって
だから俺は
学校に行く前に
ジョギングしてる
でも一人で
走ってても
張り合いなくてさ
肩こわして
キーパー
やめたんだろ
まだ足は
大丈夫だよな
……
俺のこと
見てる奴
いたのか
走って
やるから
教えろよ
その……俺が
休んだ日に
藤里が
他にも何か
役立つ話を
してたんだろ
まだ起きてたのかよ
珍しい

心配してたのかよ
そうじゃないたまたまだ
あのさ、来週の月水金
どの日が都合つく?
この前言ったろ三者面談のこと
あんたがダメなら母さんに有給とってもらう
でも、なるべく来てほしい
俺、そこで進路のこと話すから
あ、期限は明日朝までな
……
まぁ無理か
月曜だ
え
俺が流す地域は金曜にタクシーを使う客が多い
だから月曜だ

あっ ああ……
ホントだ
アポを取りたいなら3つほど選択肢をすると相手もすぐに決めやすいって藤里が
すぐアポとれた
……お前親父さんに振り回されすぎだ
お前がまず振り回されないように独り立ちしたら
お母さんも安心して先のことを考えられるんじゃないか？
俺がちゃんとした大人になれば
それを見て父さんも変わってくれるかな
土曜日
面接日決まって良かったな
ああ
お前も補講？
俺は土曜日に3階の教室で自習してるんだ
久慈たち外大受験組も毎週来てるぜ
松川たちは補講組
藤里の応援があったから新しい道へ踏み出せたって言ってた

お前を病院に連れてきたのも藤里だっけ
あいつすごいな
お前、藤里みたいのがタイプか
はぁ？
お前の母さんに似ているしマザコンだろ
ちげーよ
やぁおはよう元気だね！
あれは元気っていうのかな…
あ、田中先生
ブログにあったラーメンレシピ試しました
ぱっ
おお、どうだった
まずかったです！
君は新しい味を受け入れる気概はないのかい
いや先生こそ自分の味覚にこだわらず新しい道を
平北君田中先生は感性が独特なのよ
田中先生をむりやりフォローするあの感じ……母さんの悪い癖と同じかも

平北くんが垣坂くんにアドバイスしているように、人間の脳は朝にピークを迎えて、2、3時間後から低下し始めます。そのままにしていると日中低下し続けるのですが、「すぐやる人」は疲れた自分を加速させる方法を知っています。

ひとつめの方法は、「パワーナップをとる」です。パワーナップとは簡単に言えば、15分から20分程度の仮眠のことです。ミシガン大学の認知心理学の研究でも、パワーナップによって私たちの意志力は回復することがわかっています。その効果は2〜3時間続きます。

2つめの方法は「グリーンエクササイズ」です。緑や水を感じられる場所は回復を劇的に早める効果があります。

3つめの方法は「軽めのシャワー」です。しっかりとした入浴というよりは、汗を流すほどのシャワーを浴びるといったほうがいいでしょう。時間にして5分以内が目安です。

このように、「すぐやる人」は無理に意志力に逆らおうとせずに、どうすれば1日の中で自分をリフレッシュさせ、行動力を回復させるかを考え、実践しています。

皆さんも試してみてはいかがでしょう。

10

すぐやる人は抵抗を歓迎し、やれない人は外野の声につぶされる。

あなたが何か新しいことを始めようとするとき、大きな夢や期待を胸に抱いていることと思います。しかし、こう言われたことはないですか？

「そんなの無理だよ」

「うまくいくはずがないさ」

何か新しいことや未知の領域に挑戦するときに、特に親や友人など周りから否定的な声がたくさん投げかけられます。すると「やめておいたほうがいいかな」と思ってしまうことがあります。周りの否定的な意見は、私たちの行動力を低下させる原因となる場合があります。

多くの人は新しいことへのチャレンジを歓迎しません。「現状維持バイアス」といって、未知なるものや未体験のものを受け入れることよりも、現状を維持をしていたほうが良い、と思う心理状態が働きます。つまり、「今のままが一番ラク」なのです。

否定的なことを言われたら、よく考えてみてください。あなたがこれからチャレンジしようとしたことに意見を唱えた人は、それに挑戦してみたことがあるのでしょうか？　おそらく、挑戦しないで批判しているのだと思われます。やったことがないから怖いのです。

親父さんが
反対したのか？
反対したって
いうか、お前じゃ
無理って言われた

当然否定的な意見が増えます。

そして、人生においては成功よりも失敗のほうが多いものです。あなたが失敗すると彼らは「ほらね」「やめておいたほうがいいって言ったのに」と言うでしょう。

「やれない人」や「すぐに諦めてしまう人」は、周囲の否定的な意見を耳にすると、それだけで行動をやめてしまいます。リスクを耳にしただけで、それがどんどん自分の中で膨れあがってしまうのです。

一方で「すぐやる人」は、外野とはそもそも否定的なものだと知っていて、その抵抗をエネルギーに変えることができます。

それは、「すぐやる人」は批判の本質を理解しているからです。批判を必要不可欠な要素だと捉えているのです。

アメリカ建築家・芸術家のマヤ・リンの名言で、私がとても大切にしているものがあります。

「To fly we have to have resistance.（飛ぶためには抵抗がなければならない）」

飛行機が飛び立つためには抵抗が必要です。向かい風があるおかげで飛び立つことができます。**あなたが批判という向かい風を感じるということは、飛び立つために必要な風が吹いている**ということなのです。

だから「すぐやる人」は批判に屈するどころか、批判を歓迎します。本当にやる気があるかどうかを試してくれていたり、今まで気づかなかったことを気づかせてくれたりしている大切な存在だと捉えています。

私もかつては周りの否定的な声を受けると動揺し、簡単に物事を投げ出してしまっていました。

しかし、今は自分で意思決定し、自分の責任で行動します。たとえ、うまくいかなかったとしても**失敗は成功に不可欠なスパイスだから結果を素直に受け入れればそれでいい**と思えるようになったときから、行動への迷いがうんと減りました。

周りがどう考えるかではなく、自分がどうしたいかに素直に生きる――。

誰しも変化は怖いものです。

周りの批判や反対を恐れていては何もできないし、たとえ批判や反対があったとしても自分の心に素直になってみましょう。

そして、周りからの向かい風を全身で受け止めてエネルギーに変えていきましょう。

11

すぐやる人は言葉の力を信じ、やれない人は言葉をおろそかにする。

「言霊《ことだま》」という言葉を聞いたことがあるでしょうか。

言霊とは簡単に言えば、口にした通りの現実を引き寄せる「言葉に宿っている力」のことで、１２００年ほど前から日本では「良き言の葉は良きものを招き、悪き言の葉は災いを招く」と考えられてきました。

テキパキと行動する、いわゆる「すぐやる人」は言葉の力を信じているので、後ろ向きな言葉ではなく、前向きな言葉を意識的に使っています。

例えば、「できない」「どうすればできるか」「だって」と言い訳するかわりに、「だから、次は」と前向きに捉えます。なぜなら、**後ろ向きな言葉を使うと、行動が消極的になってしまう**からです。

「やれない人」は後ろ向きの言葉を多く使い、言葉の持つ影響力に注意を払いません。

心理学者であるリチャード・ワイズマン教授は、言葉がどれほど人の感情や行動に影響するかを研究し、**私たちが触れる言葉の影響を無意識的に受けている**ことがわかりました。

ワイズマン教授は、被験者に、単語が書かれた複数のカードを正しい順番に並べ、それらが文章になるように、速く、正確に並べ替えるよう指示しました。1回目の実験では、「若い」や「素早い」といった単語のカードを用意します。2回目の実験では、「年老いた」や「遅い」といった単語のカードを用意しました。そのあと、ワイズマン教授は被験者の歩く速さを測定しました。すると「若い」や「素早い」という単語カードを使った1回目の被験者のほうが歩くスピードが速くなったのです。

また別の実験では、「イライラ」とか「せっかち」といった言葉を使いました。そして、カードを並び終えた被験者が実験終了の合図であるベルをどれだけ頻繁に鳴らすかを測定しました。すると、他の被験者よりも、「イライラ」などという言葉を扱った被験者のほうが、はるかに数多くせっかちにベルを鳴らすことがわかったのです。

つまり、ポジティブな言葉もネガティブな言葉も、どちらも私たちの気づかないところで影響力を持っているのです。

また、皆さんもご存知だと思いますが、モハメド・アリは「俺は強い」「俺は勝つ」といった自己暗示でとても有名です。

イギリスのウォルヴァーハンプトン大学の研究によると、自己暗示によって私たちのパフォーマンスは高まるということもわかっています。

この研究によると、「私はできる、次こそ必ずうまくいく」などと絶えず独り言を発していたグループのほうが、メンタルトレーニングをしていたグループよりも、パフォーマンスが高かったのです。また、声に出すことは、モチベーションを高める効果もありました。

つまり、心の中でつぶやくよりも、声に出すことでパフォーマンスも行動力も高まるということなのです。

このように言葉には影響力があります。何度も何度も前向きな言葉のパターンを繰り返すことで脳内に新しい回路が作られていきます。

「楽しそう。でも、今は時間がない」を「楽しそう。だから、時間を作ってみよう」。
「やってみたい。でも、自分にはできないよ」を「やってみたい。だから、詳しい人に聞いてみよう」。

これらのように、例えば、**「でも」を「だから」に変えてみましょう。**「やれない人」はやらない理由を探すのが得意なので、無意識のうちに「でも」を探してしまう回路ができあがってしまっているのです。すると、前向きになれる場面でも、「でも」を探してしまいます。

だからといって「すぐやる人」は後ろ向きな言葉を使わないのかというと、そういうことではありません。感情に素直になり、ときに感情を吐き出して気持ちのリセットをします。しかしそれは限定的で、普段は前向きな言葉を選択しているものなのです。

でも、でもって何もせずにお前も「諦めた大人」になるつもりかよ
どうして状況を変えようとしないんだ

12

すぐやる人は朝を大切にし、やれない人は夜が遅い。

がんばろうとしても、時間だけが経過して結局進まなかった、ということってありませんか。特に夜にそのパターンが多いはずです。

夜は脳も身体も疲れているので、クリエイティブな仕事や新しいことにチャレンジするためのエネルギーが残っていません。無理に自分を動かそうとしても、なかなかうまくいかないのです。夜の時間帯は、単純な作業やタスクの見直しなどには向いているので、このようなものに時間を使うほうがいいでしょう。

「これから」を生み出していくことは、新しいチャレンジやクリエイティブなタスクですから、「すぐやる人」や成功している人たちは早起きを習慣化しています。

スターバックスのCEO、ハワード・ショルツさんやアップルのCEO、ティム・クックさんは4時半に起き、ナイキのCEO、マーク・パーカーさんは5時に起床します。皆さんの知っている世界のトップ・リーダーたちに共通することは、早起きであるということです。

『What the Most Successful People Do Before Breakfast』（成功者は朝食をとる前に何をしているのか）の著者である、Laura Vanderkamさんは次のように述べています。

『早朝は「意思の力の供給」が一番高まる時間だ』

「すぐやる人」は朝の大切さを理解しているものです。

海外に行くときには決まって朝早くから散歩をするようにしているのですが、驚かされるのは6時30分などの時間でもジムでたくさんの人が汗を流していることです。

日本でも増えてきましたが、私が住んでいたケンブリッジにも24時間営業のジムがあって朝から賑わっていました。

まず、脳は朝起きてから2、3時間が一番活発に活動することがわかっています。

だから、この時間帯にクリエイティブな仕事や、最重要事項にあたるようなタスクをこなすとスムーズに進みます。また、読書などのインプットに朝の時間を活用することもいいでしょう。

そして、誰にも邪魔されない時間を確保できるのもメリットです。

このような1日の中でも非常に価値が高く、せっかく頭が一番働く時間帯に、あれやこれやと時間に追われて過ごすのはもったいないとは思いませんか？

朝の1時間の使い方は1日の使い方を決めると言ってもいいくらいです。

また、ストレッチや10分程度の軽いジョギングやウォーキングを行なうだけで、さらに脳は活性化することもわかっています。

そのあとの時間を、私のように読書の時間にあてるのもいいですし、集中力やクリエイティビティを必要とするタスクに時間をあててもいいでしょう。

驚くほど脳がすっきりとした状態なので、どんどん前向きな行動を起こすことができます。

朝の時間を効率的に使えると、非常に気持ちもすっきりとします。朝の充実感は1日にさらなる活力を与えてくれます。

さらにうれしいことに、朝時間の活用への意識を持っておけば、夜は早めに仕事を終えることができます。そうすれば、仕事のあとの時間も有効活用できることでしょう。

朝の時間をデザインすることは、これほどまでにもメリットがたくさんあるのです。

世界の「すぐやるリーダー」たちに習って、あなたの最高の朝をデザインしていきたいですね。

Column

すぐやる人は選択肢を３つ用意する

何かに取り組むときは自分の意志力だけに頼っていると、物事が前に進まないことがたくさんあります。しかし、周囲を巻き込むことで行動力を高めることができます。

「すぐやる人」は誰かにお願いするとき、漠然とはしません。例えばアポを取る場合、「15日と18日、23日で、どこかお時間ありませんでしょうか」といったように、3つの選択肢で予定を伺います。いずれも予定が合わないこともあるでしょうが、3択は相手のアクションを促しやすく、「24日だったら空いているのですが、どうでしょうか」と返事がくる可能性が高くなります。

「6月なら、いつがいいですか」という問いだと30日分の選択肢を与えることになりますが、逆に選択することが難しくなってしまいます。心理学者バリー・シュウォルツは「選択肢の多さは無力感に繋がる」と説いています。

だからといって、ひとつに決めつけたり、選択肢を2つに絞ったりすると、相手は自由を奪われたと感じ、抵抗感を持ってしまいます。「すぐやる人」はこのことを理解しているので3案提示することで相手のアクションを喚起し、巻き込んでいくのです。周囲を巻き込むことができれば、あなたもアクションを起こしやすくなるでしょう。巻き込むスキルは行動力を高めてくれるのです。

第5章

感情コントロール編

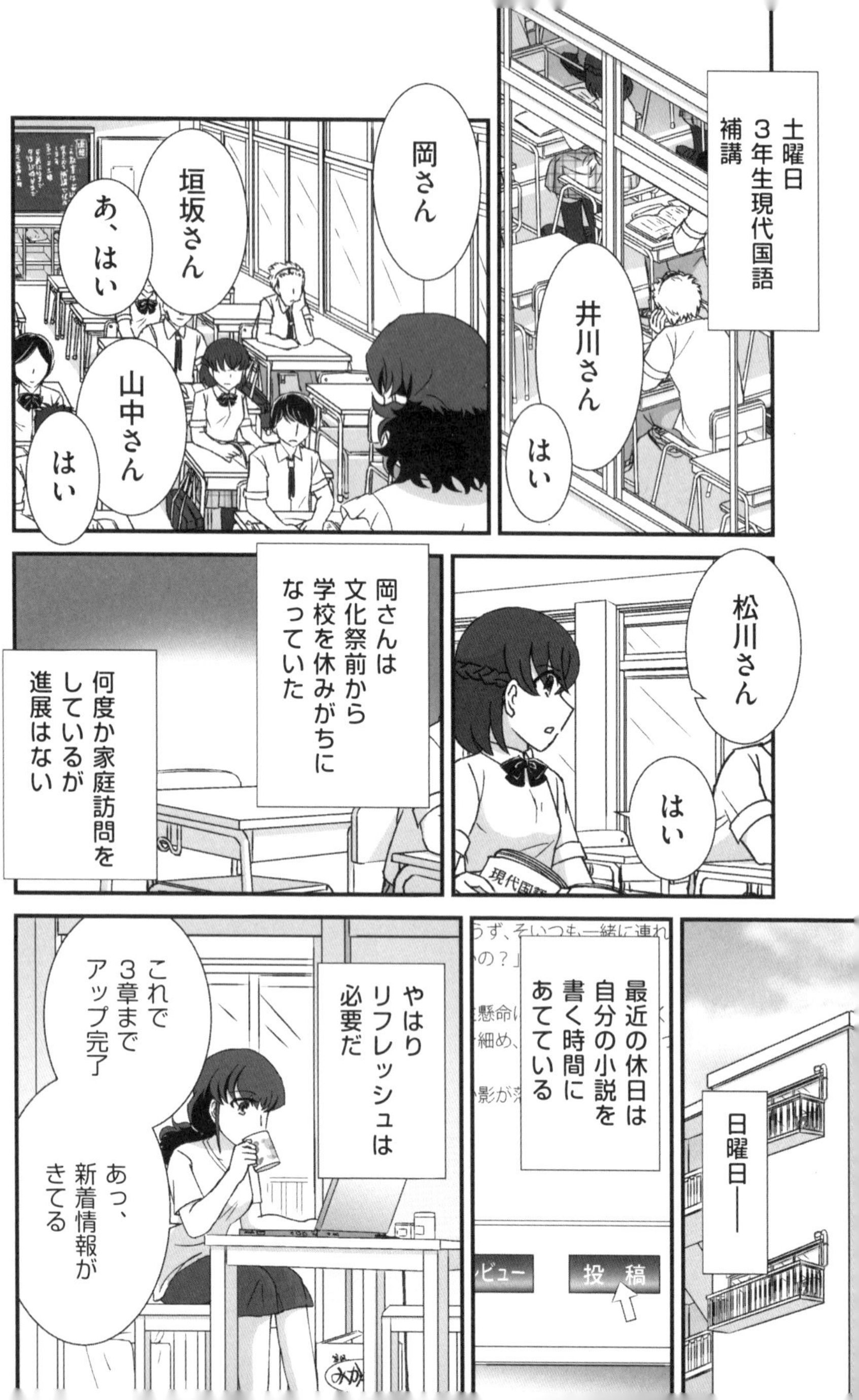

土曜日
3年生現代国語補講
井川さん
はい
岡さん
垣坂さん
あ、はい
山中さん
はい
松川さん
はい
岡さんは文化祭前から学校を休みがちになっていた
何度か家庭訪問をしているが進展はない
日曜日――
最近の休日は自分の小説を書く時間にあてている
投稿
やはりリフレッシュは必要だ
これで3章までアップ完了
あっ、新着情報がきてる

フォロー新着
加賀美さと
第10回未来小説新人賞ラ
受賞しました！ありがと
加賀美さん受賞したのか……
あっ、宵野《よいの》さんも新作きてる
宵野まつり
の第二章二幕をアップしました。
ラもでてます！
作家ページへ
penpark
黒ねこ
作／宵野まつり
フォロー中
1058
827
#ダークファンタジー
＜1／5＞
黒猫を追いかけて通りに出た友稀は、街灯の下
この人もコンスタントにアップしてすごいな
評価ももうたくさんついてる
作／波伊沙織
亜紀の作品
10
8
#西洋史 #人間ドラ
……
＜1／7＞
他人と比べても仕方ない
きっと私の小説はサイトの読者層と需要が違うんだ
明日の放課後は岡さんの家か
なりたい委員ある？
できそうなものは？
なりたいものはあるけれど
できるかどうか……

どうせ私なんか
ハッ
どばー
あ～思い出しちゃった
岡さんも何がやりたいのかわかればなぁ……
翌日　放課後
職員室
失礼しまーす
藤里先生日直ノート
これから長期欠席の生徒の家に行きます
一旦学校に戻りますのでそのとき……
先生！
ありがとう机に置いといて
ひょっとして岡さんちに行くんですか
行くなら
私も連れてってくれませんか？

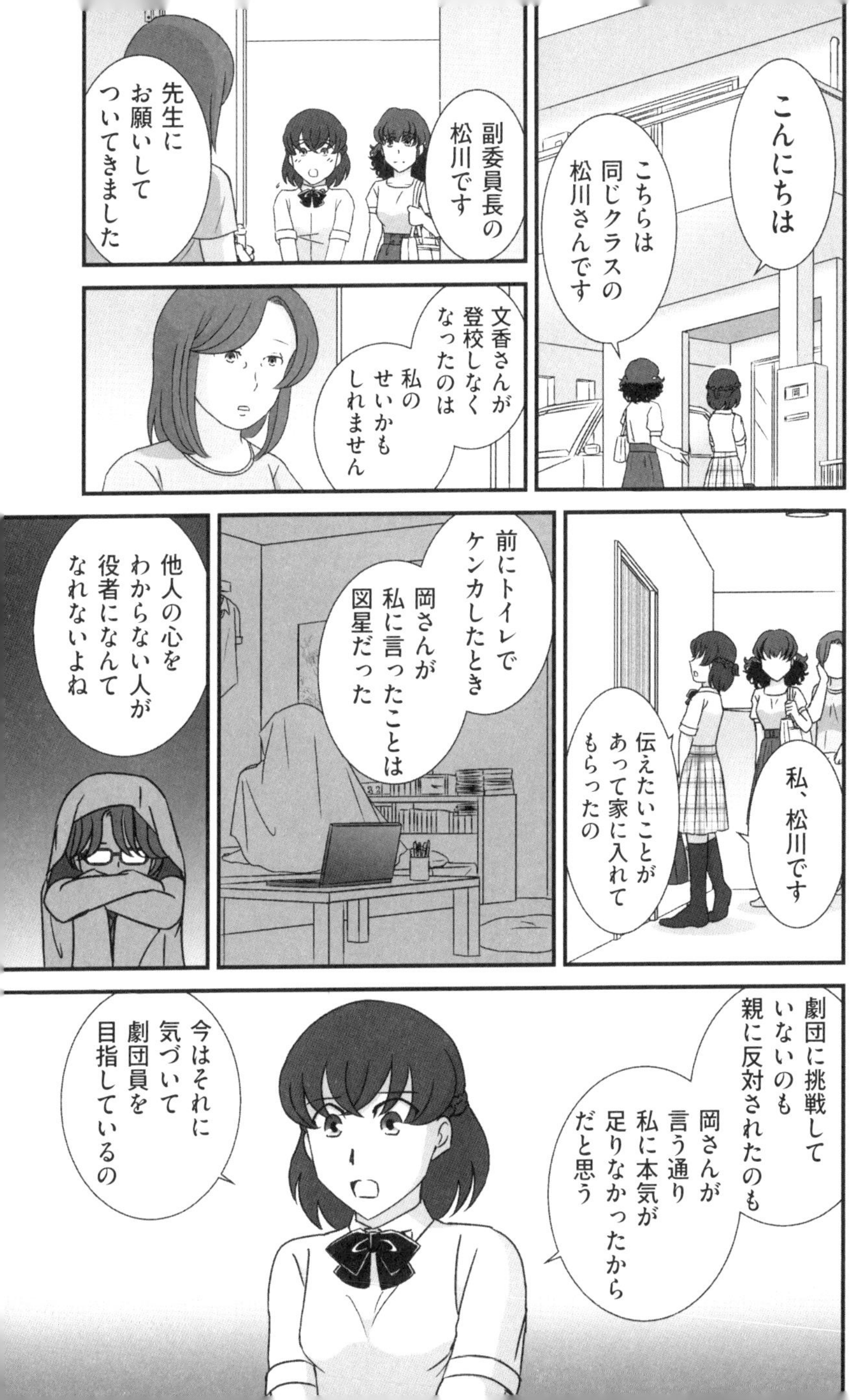
こんにちは
こちらは同じクラスの松川さんです
副委員長の松川です
先生にお願いしてついてきました
文香さんが登校しなくなったのは私のせいかもしれません
私、松川です
伝えたいことがあって家に入れてもらったの
前にトイレでケンカしたとき岡さんが私に言ったことは図星だった
他人の心をわからない人が役者になんてなれないよね
劇団に挑戦していないのも親に反対されたのも岡さんが言う通り私に本気が足りなかったからだと思う
今はそれに気づいて劇団員を目指しているの

やっと自分の時間が動き出した気がする
これは岡さんがハッキリ言ってくれたからだと思う
本当にありがとう
もし私のせいで学校に来れなくなったのならごめんなさい
また私のダメなところとか言ってほしい直すから
だから学校に来ても大丈夫だから
岡さんの言葉が松川さんを動かしたのよ
人の心を動かせるのってすごいと思う
松川さんは会話で気持ちが動く人だけど
岡さんにも何か心が動くものがあればいいよね

翌日
ピロリーン♪
先日はありがとうございました
○○.oka@yehee.co.jp
To：藤里先生
岡文香の母です。
このたびはご足労いただき
ありがとうございました。
松川さんが来てくれて
よかったです。
昨日娘は珍しく
松川さんが来てくれてよかったです
昨日娘は珍しく晩ごはんを食べて
私も人に影響を与えられるんだって驚いていました
そして“松川さんには思ったことをそのまま言ってしまい傷つけたと思う”
“自分はうまく感情を吐き出すことができない”
“だから人と会って話すのが恐い”と
それが娘の中で解決できれば登校できるかもしれません
何かいいことがありましたか？
俳優志望の子が欠席がちの子を？
他人の意見を受け入れることでやはり何か変わるんですね

うん
平北くんの
言う通りだな
僕も自分の
枠を外そう！
布でこすと
スープに油が
残ってしまう
フムフム
「私はうまく
感情を
吐き出すことが
できない」
どこかで
見た気が……
宵野まつり
プロフィール
作者コメント
「黒ねこ」
私はうまく感情を吐き出すことができない。
以前友達と言い争いになり考えをそのまま言って
その子を傷つけてしまった。
だから人と会うのが怖い。また自分の考えを
しまって誰かを傷つけるのではと
でも感情がたまってしまう
そういえば
まだ返却してない
岡さんの小論文
同じような
文体だわ
宵野さんは
たぶん
岡さん……
宵野まつり
プロフィール
タイムライン
penpark×放現社の
ラノベ大賞応募したいな
でもこわいな…
24時間
「黒ねこ」の三章四幕アップ。
2日前
6月14日
おやじさん
前にすぐやる人は
自分から進んで
アクションを起こすって
言いましたよね
らあめん

自己開示して
相手に警戒を
解いてもらい
関係の構築を
しやすくするって
生徒に普段
思ってることを
話して
もらいたいなら
私が先に
自分のことを
打ち明けたほうが
いいですよね
プレミアム
生（中瓶）
¥500
¥400
そうだなぁ
何を話す
つもりだい？
その生徒に
がんばって
ほしいから
私が誰にも
言わずに
続けてたことを
言おうと
思うんです
でも、
内緒にして
おきたかった
ことだから
何かの拍子に
他の生徒にも
知られたらと
……
その心配と
生徒を助けたい
気持ち
どちらが
強いかだな……
……
決心つきました
ありがとう
ございます
あ、そうそう
最近店を出るとき
つまずかなくなった
前よりも
注意深くなってる
お前さんが
変わったんだ
その生徒も
変われるさ

私、学校みたいに人が多いところ苦手なんです
他人の感情が塊で押し寄せてくるようで
それを受け止めきれないんです
先生、わかりますか？
ええ、すごくわかるわ
感情が塊で押し寄せるって表現とても好きよ
岡さんは現国のテストや小論文でも表現力があるわ
先生もね昔、他人の感情に押されがちだったの
自分の感情を伝えることがヘタで
だからかわりに小説を書くようになって大学時代には賞にも応募した
岡さんも何か感情を吐き出すものがあればいいな
小説
感情は書き出すのがいいんですって

メモに書き出すと自分の中に感情が溜まらず
心にも余裕が出てくる
やばいダメかも
今度こそと思ったのにな…
するとマイナスの感情が起きにくくなり
何ごともすぐ行動できるようになる
さあがんばるか!
私は賞に落選してもうダメだと思って
小説家の次になりたかった先生になったの
教員試験も一度落ちてる
大学があった東京で教師をやりたかったけどダメで
翌年やっとここで合格したの
やりたいことなのに考えすぎて
いつも尻込みして失敗してしまう
感情を溜めないようにして
心に余裕を持てればよかったわ
教師になってから思ったけど
小説家になる夢諦めなくてもよかったのかなって
応募も投稿したい賞じゃなくてなんとなく受かりそうだと思ったものにしたの
持ちこみもしてなかったんだ友達に笑われそうで

でも自分で決めて行動しているなら
周りがどう思おうと関係ないよね
だから今昔応募したかった賞に挑戦しようと思っているの
ときどき息抜きに小説サイトに投稿しながら……
そんなふうに岡さんにもがんばれることがあるといいんだけど
カチャ
先生
4月にクラスの委員を決めてたとき私に気を遣っていたでしょう?
他の子も私と話すときは気を遣うんじゃないかって
そう思うこと自体もしんどくて
私は気を遣ってるんじゃないわ
気になるのよ岡さんが昔の私に似てるから
先生、私も小説家になりたくて
賞にも応募したいと思ってる
いいじゃない!
でも、失敗するのが不安だし賞をとってもやっていけるのか……

大丈夫よ 不安でも行動すれば何らかの結果が出るから
思いたったら応募!
結果が出なくても受賞作を見て自分の応募作との違いを考える
○○賞 発表
よしっ
次回の応募作に活かす!
じゃあ次はこうしようと思えるわよ
笑われるんじゃないか
賞に合わない作品かも
場違いかも
考えすぎると動けなくなるわ
私みたいに「行動すればよかった」って後悔しないようにしてね
挑戦してたらどうだったかな…
やっぱり応募したかった…
月刊小説界
後悔してるんですか
ええ、書きたい雑誌の賞を目指せばよかったと思ってる
でも時間は戻らないから未来を変えるの
岡さんも
自分が本当にやりたいことに挑戦してくれたら嬉しいわ
翌朝
おはよう
おはよう
○○県立 潮風高等学校

あっ、岡さん
おはよう！
お…おはよう
おはよう
おはよう
おはよう
おはよう
おはよう
ガラ
早く席についてー！
……
はい、出席とるわよ
出欠簿
すみません
やっぱり体がだるくて……
でも朝、あいさつしてくれた子がいたんです
職員室
少しずつ登校できるようにしたいです
わかったわ
午後からお休みね
また少しずつ学校に来てね

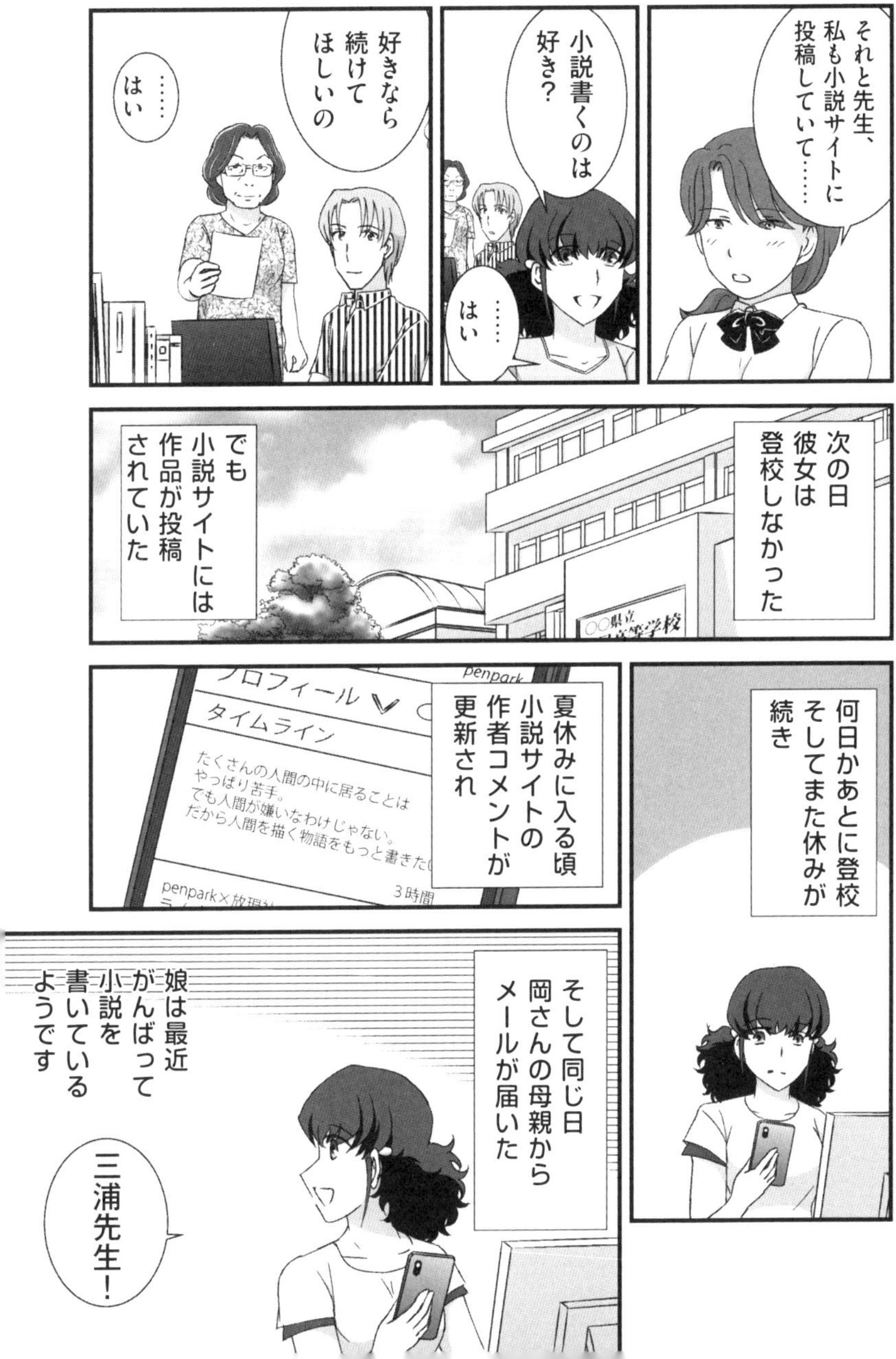
それと先生、私も小説サイトに投稿していて……
小説書くのは好き？
……はい
好きなら続けてほしいの
……はい
次の日彼女は登校しなかった
○○県立
でも小説サイトには作品が投稿されていた
何日かあとに登校そしてまた休みが続き
夏休みに入る頃小説サイトの作者コメントが更新され
penpark
プロフィール
タイムライン
たくさんの人間の中に居ることはやっぱり苦手。
でも人間が嫌いなわけじゃない。
だから人間を描く物語をもっと書きた
3時間
そして同じ日岡さんの母親からメールが届いた
娘は最近がんばって小説を書いているようです
三浦先生！

長期欠席の生徒のお母さんから連絡がきました
休んでいる日も先生が持ってきてくださったプリントで勉強を続け小説と両立させています
私とも話すようになりましたが小説のことはわからなくて
藤里先生、また娘と話をしてくださいますか?
その子も前を向いて変化しているのね
僕も出版社に食べ歩きレポを持ちこんでみようかな
そういえば持ち込みは副業になって
県立高の教師がやるとNGなのかな
いや、校長先生や教育委員会で認められればOKなはず
賞への応募も大丈夫
そうなんですね
ホッ
?
「ホッ」?
いえいえ
今は仕事に集中!
フーッ
すう

よし！仕事モード！
ぴしっ
夏休みのオープンハイスクールの段取りをしなきゃ
藤里先生
文芸部の夏合宿の申請が通りました
余裕を持って申請してくださって助かりました
藤里先生
学校HPの夏季のコラムの原稿ありがとうございました
早く書いてくれたので夏休み前には公開できそうです
先生はすぐやってくださるからありがたいわ
すぐやる……
私が
おやじさんや田仲先生たちのおかげで私も少し変われたかな
今度のスープはいけてるわ
昆布を多めにしたんです

教わった通り
ダシも布でなく
紙でこしました
失礼しまーす
田仲先生やっと自分の
枠を出たみたいっすね
平北くんにもダメ出し
されたのがショック
だったみたい
レシピについて他人の
意見をよく聞くように
なったわ
それはいいけど
俺にまで
味見してくれって
うるさいんすよ
平北が
田仲先生から
逃げて
るから
おお
垣坂くん!
今度のスープ
はいいぞ!
いや、
もういいっす
平北は
図書館にいるので
そっちにどうぞ
じゃあ、
二人で飲んで
くれ
自信作
なんだ!
自分の枠を
飛び出した結果
暴走した人は
どうしたら
いいんでしょう
……
生ビール

人は感情の生き物です。だから感情のマネジメントの方法を知っておくことは、心を安定させるためにはとても大切なのです。

心の中に溜まった負の感情や不安は、定期的に吐き出さないと免疫力の低下を招きます。

テキサス大学の社会心理学者であるペンバッカー教授は、死別やそれに近い人生の危機を経験した数千人を対象にした研究をしました。その中でストレスや精神的な苦痛は、書くことで軽減され、精神的にも肉体的にも改善が見受けられることがわかりました。

また会社から解雇された人たちを対象にした研究もあります。5日間、1日20分解雇されたことについて書き続けた人は、そうでない人よりも再就職率が3倍よかったのです。

本章でも藤里先生が岡さんにアドバイスしていますが、皆さんも嫌なことや不安なことがあったときは、メモに書き出してみましょう。

心の中にもやもやと未解決となった事象があると、その答えや解決策、意味を探してしまうのは自然なことです。書き出すことで状況を受け止めやすくなり、それによってネガティブな感情が軽減されていき、前向きになれるのです。

13

すぐやる人は感情をうまく吐き出し、やれない人は感情を溜め込む。

人は毎日、さまざまな出来事の中で喜怒哀楽を感じています。ときを忘れてしまうほど何かに夢中になれたり、うれしい気持ちや楽しい気持ちを感じているときは、心がワクワクして、行動力も自然と高まっています。

一方で、ストレスが溜まってイライラしたり、落ち込んで元気が出ないといったように、悲しみや怒りを感じているときは、感情のコントロールが難しく、思わぬ行動をとってしまうことや、何もしたくないモードに入ってしまいます。

このように、行動力と感情は切っても切れない関係にあると言えます。

私たちの日々の行動は感情ではなく、理性に従って生きていると思いがちですが、実際は思考と結びついた感情や感覚に支配されていることが、ほとんどなのです。

まずは、**人間は感情の生き物であるということを受け入れましょう。**

感情にはプラスとマイナスがありますが、必ずしも怒りや悲しみがマイナスに働くわけではありません。

「見返したい」

「今度こそ成果を出してやる」

こういったような怒りの感情は、目標を達成するための行動を促してくれます。悲しみは、ときに冷静な行動を促してくれるでしょう。

ただ、不安や怒りの感情が強くなりすぎると、行動を起こす力になるよりも、挫折や恐怖心で身動きがとれなくなることのほうが、多くなります。

感情に支配されてしまっている状態は、無気力感を生むので行動力は低下します。感情とのつきあい方がうまいと、感情に振り回されることは少なくなります。

「すぐやる人」は「やれない人」と比較すると、感情のコントロール法に差があります。

「すぐやる人」はうまくコントロールでき、心が安定しています。「すぐやる人」や「結果を残す人」というのは、感情が安定しないような出来事が起こったときにも、集中力を失わず的確な行動がとれるのです。

もちろん自分の身にどんなことが起きるかについては、コントロールできない場合はたくさんあります。

例えば、相手のためになるようなことをしていても、相手は攻撃的な反応を見せてくるかもしれませんし、恩を仇で返されるような出来事があるかもしれません。

そういうときは感情は抑え込もうとしないでください。抑え込もうとすればするほど勢いを増します。

感情をコントロールする最適な方法は、感情を悪とせず受け入れること。素直に自分の気持ちや感情を誰かに伝えることです。

そして、感情は溜め込まず、吐き出す習慣を身につけましょう。感情が積もり積もって爆発してしまわないように、ちょっとした感情でも必ず吐き出すような仕組みを持っておくほうがいいのです。

感情を頭の中で整理しようとしてもなかなかうまくいきません。だから感じたことを書き出すことが有効です。

人は自分の姿を直接見ることはできないので、鏡を通して自分の状態を確認するように、自分の頭の中にあるモヤモヤしたものを書き出します。そうすることで、少し距離をおいた視点で感情を見つめ直すことができるようになるのです。

手書きが一番効果が高いと言われていますが、例えば、twitter で自分だけにしか公開しない感情リセットアカウントを作ってみてもいいでしょう。

大切なことは、感じたことをどんどん自分の中から取り出してあげること。ささいな感情を見逃さず、言語化することで、心に大きな余裕を生み出すことができるようになります。

メモに書き出すと自分の中に感情が溜まらず
心にも余裕が出てくる
やばいダメかも
今度こそと思ったのにな…
さあがんばるか!
するとマイナスの感情が起きにくくなり
何ごともすぐ行動できるようになる

14

すぐやる人は9000回の負けを知り、やれない人は全勝を目指す。

「僕はこれまで9000本以上のシュートを外してきた。これまで300試合近くに負けてきた。決勝シュートを任されながら、外したことが26回ある。人生で何度も何度も失敗してきた。だからこそ、こうして成功しているんだ」

これはあの有名なマイケル・ジョーダンの名言です。

誰でも失敗はしたくはないものです。失敗か成功かどちらか選べと言われれば、誰しも間違いなく成功を選ぶでしょう。

ただ、失敗への恐れが成功への道を奪っている可能性は、十分にあります。

「すぐやる人」はリスクテイカーです。リスクを怖いと感じないわけではありません。

リスクを感じながらも、ひとつひとつ目の前の課題と真摯に向き合い、チャレンジします。シュートは打たなければ入らないのです。

エジソンは電球を発明したときに「私は失敗したことがない。ただ1万通りの、うまくいかない方法を見つけただけだ」と言った話はあまりにも有名ですが、どの時代にも成功者は皆、失敗を語ります。

「やれない人」は成功するためには失敗も許されないと考えている一方で、自らの信じた道を突き進んだ「すぐやる人」たちは、失敗というつまずきを災難のようには考えません。その経験からたくさんのことを学べばよいと割り切っているものなのです。

私は、**ミスや失敗の数だけ誰かの役に立てることが増える**と思っています。

私もかつてはたくさんつまずいてきました。高校生のときに、全国紙に取り上げられてしまうような事件を起こし、警察や裁判所のお世話になるなんて思ってもみませんでした。うまくいかないことばかりで、周りに迷惑をかけることでしか自分の存在を示せないと感じていたのです。

今でも、多くの人々に迷惑をかけてしまったことは申し訳ないことだともちろん感じています。

しかし、過去は取り戻せませんが、未来は変えられるのです。同じように未来が見えなくて、もがいている人たちの気持ちが誰よりもわかります。そして、経験してきたからこそ、気持ちを理解することもできますし、具体的な助言をすることもできます。

いいじゃない！
でも、失敗するのが不安だし賞をとってもやっていけるのか

つまずきや失敗をしたら改善すればいいのです。うまく改善することができれば、同じようなことでつまずき、悩んでいる人を助けることができるかもしれないのです。

だから、こうだと決めてチャレンジして失敗してしまっても、私は何も恥ずかしいとは感じません。**必ずその失敗があって良かったと思える日がきます。**うまくいかない方法がわかったという学びがあるから、同じ過ちを繰り返さないようにすれば大きく前進できるのです。

失敗への恐れはあなたを麻痺させます。失敗は誰だって怖い。この失敗に対する恐怖心が、私たち日本人にとって「先延ばしする」傾向の大きな原因となっているのです。

短期的に見れば失敗は好ましいものではないでしょう。

しかし、これだけ多数の「すぐやってきた」成功者たちが、口を揃えて過去の失敗について語るのには、必ず理由があると思いませんか。

もちろん、「負けない勝負」はあなたに安定と安心をもたらすので、捨てる必要はありません。

ただ、「負けない勝負」だけでは、どうしても動きが遅くなってしまい、後手を踏んでしまいます。これは長期的に見ると、大きな損失となるでしょう。

不安を感じられるということは、少なくとも未来がある証なのです。小さな失敗をたくさん楽しんでみましょう。

15

すぐやる人は考えるために行動し、やれない人は行動するために考える。

考えているだけでは、物事は何も進まない――。

これはまさに「すぐやる人」の根っこにある考え方のひとつです。

だからと言って、考えることをおろそかにするわけではありません。何も考えずに仕事も人生もうまくはいきません。よく考えた者だけが成功するのは、言うまでもないことです。皆さんもご存知のことでしょう。

大切なのは、考えることの重要性がわかっているからこそ、まずはアクションを起こすことです。**考えるために、行動しなければならない**ということです。

これが「すぐやる人」に共通した思考パターンです。行動するために、考えるのではなく、あれこれ考える前に、まず行動してみようということです。

例えば、サッカーのボールを蹴ったことがない人が、いくら本を読んだりしながら蹴り方について考えても、それではいつまで経ってもうまくは蹴れません。実際に蹴ってみれば、どうすればもっとうまく蹴れるのかを考えることができるようになるものです。にもかかわらず「やれない人」は「あぁだ、こうだ」と考えて、理屈を言うだけで何も行動しません。

もちろん決断し、行動を起こすことにはさまざまなリスクが伴います。だからこそ、考えるために、まず行動しましょう。考えるための行動を起こすのです。大きく動く必要はありません。小さく動けばいいのです。軽い気持ちで試してみよう、くらいのものでいいのです。この**小さな実験は、収集した二次情報よりも極めて重要**です。

つまりＰＤＣＡは小さなDoからすべてが始まります。

小さくてもいいから、まず初動を起こしてみる（Do）。

そうすると何かしらの反応が返ってくるので、振り返りをする（Check）。

それから改善策を練る（Action）。

この繰り返しが大切なのです。

心理学の観点からも、これは非常に効果のあることだと考えられます。行動することで、現実の壁からは何かしらの反応が返ってきます。この**フィードバックこそが強力なモチベーションを作る**ということが、多数の研究からもわかっています。

現実という壁にボールを投げたとき、それは思った方向と違う方向に跳ねるかもしれません。

でも、それが現実だとしたら、そこから学ぶことは、やってみた人にしかできません。やってない人にはわからないので、つまり大きなチャンスになります。

ある世界規模のビジネススクールの担当者に聞いた話ですが、そのスクールが開催するビジネスプランコンテストには世界中から参加者が集まります。

でも、日本人はほとんど参加しません。良いプランができたら応募しようと考えているからでしょうか。

一方、他の国の人たちは「とりあえず応募してみる」なのです。応募したら必然的に良いプランを考えなきゃいけなくなります。

「せっかく高い思考レベルを持っている日本人が応募してこないことはとても残念だ」と仰っていたことは、今でも印象に残っています。もったいないですね。

皆さんも考えることに捉われすぎているかもしれません。小さな実験からすべてが始まります。

皆さんも知っているように、現実は思ったようには進まないことだらけです。だから小さなアクションをまず起こすことで、考えの質を高めましょう。

Column

すぐやる人は枠外へどんどん飛び出す

スティーブ・ジョブスは大学に入学したものの、「大学とは親が数十年かかって貯めた金額以上の価値があるものなのか」と疑問を持ち、中退して自分の好きな書道を学び始めました。「そんなものを学んで何になるの？」「無駄なことに取り組んでいる時間なんてないよ」といった声が聞こえてきそうですが、結果として書道を学んだことがアップルの美しいフォントを生み出すことに繋がったのです。

過去を振り返ったときにその経験したドットを繋ぐとあなたの人生が作られます。これは「コネクティングドット」という言葉で知られていますが、何気ない点と点が繋がる瞬間があります。

「やれない人」はムダのように感じるものを徹底的に嫌いますが、それでは点は生まれません。点と点を繋げて線にするためには、まず点を作っていかなければならないのです。そのためのひとつの方法がさまざまな生き方に触れることです。異なる業界で働く人や、異なる関心を持っている人、異なる環境で育った人と、年齢やバックグラウンドの垣根を越えて積極的に話をしてみると、思わぬ発見があったり、新たな興味が芽生えたりすることもあるでしょう。

凝り固まった価値観を壊し、ワクワク心が躍るようなものに出会ったら、あなたは気づかぬうちに「すぐやる人」になっていることと思います。

エピローグ

すぐやる人に道は開ける

卒業式の日
卒業証書授与式
卒業生代表として答辞を読んだ平北君は
西京大学文学部史学科に合格
フッ
卒業証書
松川さんはバースステージアートカレッジに進み
希望劇団の養成所合格を目指す
デビュー決まったら連絡します
お前イメチェンしたのな～
うるせえ
先生あのー
四月以降も進路相談に来てもいいっすか
いいわよ！
垣坂君は卒業したものの進路未定
バイトでお金を貯め夜間大学を目指しいずれ独り立ちしたいとのこと
よかったな～
だからうるせえ

そして
うまく撮れた!?
応接室
春休みのある日
岡さんの母親が
学校に来た
卒業式にも
行きたくない
と言って……
申し訳
ありません
いえ、こちらこそ
最後まで文香さんの
居場所を作れず
申し訳ございません
でした
先生は
悪くない
ですよ!
でもライトノベルの
奨励賞をもらってから
自信がついたようで
学校外で生きる
本人なりに将来を
模索しています
先生に
教えて
いただいた
「考えるために
行動する」
「失敗しても
他のやり方で
やってみる」
という言葉を
支えに
がんばってます
職員室
岡さんの
ケースは
難しいわね
自分の生き方を
持ち始める
年頃だし……

藤里先生
これ捨ててきて
くれるかしら
それと花壇も
見てきて
ちょうだい
花が咲いてたら
教えてね
写真撮りたいの
ガコン
しんどいです
気を遣わせて
いることが
先生
藤里先生!
えっ……
あ!
久慈さん!?
すみません
急に
職員室に行ったら
ゴミ捨てに行ってる
と聞いて

第2志望の白鳥外大に合格しました！
留学支援がしっかりしてるからよかったです
おめでとう！通訳の夢がんばってね！
それと……2年間の担任ありがとうございました
えっ
私、先生の授業が一番好きでした
先生、お芝居も好きなんですよね
いつか海外スターの通訳を先生に見てもらえるようにがんばります
だから、そのときまで先生でいてください
……ええ！
絶対に！
三浦先生！

花、咲いてました
満開です!
ありがとう
じゃあ撮ってくるわ
赤橋先生からホームページ用の写真を頼まれてね
お礼にお昼をおごるわラーメンでいいかしら
ありがとうございます!
田仲先生もどう?
行きます!
おおっ新メニューですか!!
なるほど麺のコシが違う!
こしの
らあめん
らあめん
口に含むと一歩遅れて広がるスープのコクがまた
なるほどね
今日お礼を言ってくれた生徒には教師として支えられたと思うんですが、
卒業式に出られないままの子がいたのが残念で……

皆同じように働きかけていたつもりなのに
もう少し一人一人をよく見ていればと……
先生は神様じゃない
一人でも授業が好きと言ってくれたのなら
それだけでもたいしたものだよ
そうそう発明王エジソンの言葉にもあるでしょう？
「私は失敗したことがないただ1万通りのうまくいかない方法を見つけただけだ」
「すぐやる人」がなぜすぐやれるのかそれはたくさんの失敗や負けを知っているからだよ
失敗してもいい、今できることから少しでもやっていけば、その一歩が大きな変化に繋がっていく
うんうん
はい
藤里先生は今の仕事が好きか？
だから今日お礼を言った生徒には先生の言葉が伝わったんだな

目の前の大人が
がんばっていれば
生徒たちも
夢に向かおうと
がんばれる
俺より
先生に
向いているよ
え?
あら、
言っていいの?
いいよ
この人
元先生よ
は〜っ!?
ずず…
「自分が夢を諦めた状態
で生徒を指導しても
それは嘘になる」って
先生を辞めちゃったの
あ……
ラーメン屋の夢
私は、この
くそまじめな性格、
先生向きだと
思うん
だけどね
うらっち
とは
同期だ
うらっち?
こしぴょん
とは新任高が
一緒でね
こしぴょん?

赴任先が別になっても研修会で一緒になって
辞めるときにも連絡くれたわ
そのあとすぐこの店の物件紹介してくれたのもうらっちだった
先生たちの行きつけとしてはいい立地でしょう?
近くの物流センターで働いている人もお客さんとして見込めるし
ちなみにその新作ラーメンのスープ……
えっ
こないだ田中先生に試飲してもらったやつ
持ちこまれたスープに手を加えて新メニューにした
謝礼はこれ1カ月間新作がタダになる券
らーめんクーポン
それほしい!
3人いけますか?
ガラッ
らっしゃい!
お疲れさまでーす
「がんばってる先生たちにうまいラーメンを食べさせる」か……

夢が叶ってるわね
時間はかかったけど
だから藤里先生もやりたいことがあったらやりな
先生のがんばる姿はそれだけで生徒の手本になる
……はい！
ラーメンブロガーとしてももっとがんばるか
元々食レポのライター志望だったし
あっやっぱり
どの先生もお持ちでしょう
「こんな先生になりたい」って夢が……
だから生徒の夢も応援できる
こうすれば生徒たちも安心して…
なるほど！
そうですね！私もがんばります！
まずは帰って分掌の続きをしよっと！
ごちそうさま
どて
あ、まだ変わりきってないな
伸びシロがあるってことよ

おわりに

いかがでしたでしょうか。

すぐやる人の思考習慣や行動習慣について理解していただけましたでしょうか。

「成功している人は精神的に強いからだ」

「自分がダメなのは心が弱いからだ」

このように思ってしまう気持ちが、私には痛いほどわかります。なぜなら、かつての私は毎日そんなことを考えていたからです。

私は自分の根本が変わったとは思いません。今でも怠け者です。ただ、自分を動かす方法を手に入れることはできました。だから、皆さんにもこの武器を手に入れてほしいのです。

さて、皆さんがこの本を手に取ったのはなぜでしょうか。

それはきっと心のどこかに、「自分は変われるかもしれない」という期待感を持っているからではないでしょうか。「自分なんてどうせ無理だ。もういいや」と思っていたら、書店に足を運ぶこともなかったでしょう。

「自分はもっと良くなれるかもしれない」という期待感を持っていることが、変わるためにとても大事なのです。

本書を読んでいただいたということは、変わるための最初の大きな一歩をすでに踏み出したことになります。ここで歩みを止めてはなりません。得たヒントを何かひとつでも行動に移してほしいのです。そうすることで、自分の中で何かが変化し始めたことを実感していただけます。

心理学で有名なエビングハウスの忘却曲線によると、せっかく理解したことの74％が24時間後には頭から消え去ってしまうとされています。そうなると、せっかく一歩を踏み出したのに、また振り出しに戻ってしまいます。そうならないためには、読んだだけで終わらせてはいけません。

鉄は熱いうちに打てとはよく言ったもので、読書後の皆さんの頭の中は熱された鉄のように柔軟な状態になっています。ここで打たないと！

実践しましょう！　試してみましょう！

それでも迷ったり悩んだりしたときは、ツイッターやインスタグラムで私にぜひ連絡をください。

お待ちしております！

塚本　亮

■著者略歴
塚本　亮（つかもと　りょう）
ジーエルアカデミア株式会社 代表取締役
株式会社 GLOBAL VISION 取締役

1984年京都生まれ。

高校時代、偏差値30台、退学寸前の問題児から一念発起し、同志社大学に現役合格。卒業後、ケンブリッジ大学大学院で心理学を学び、修士課程修了。

帰国後、京都にてグローバルリーダー育成を専門とした「ジーエルアカデミア」を設立。心理学に基づいた指導法が注目され、国内外の教育機関などから指導依頼が殺到。これまでのべ4000人に対して、世界に通用する人材の育成・指導を行い、学生から社会人までのべ300人以上の日本人をケンブリッジ大学、ロンドン大学をはじめとする海外のトップ大学・大学院に合格させている。

主な著書に『「すぐやる人」と「やれない人」の習慣』、『「すぐやる人」のノート術』『「すぐやる人」の読書術』（明日香出版社）、『頭が冴える！ 毎日が充実する！ スゴい早起き』（すばる舎）などがある。

本書の内容に関するお問い合わせ
明日香出版社　編集部
☎(03) 5395-7651

マンガでわかる「すぐやる人《ひと》」と「やれない人《ひと》」の習慣《しゅうかん》

2019年　6月　27日　初版発行

著者　塚《つか》本《もと》　亮《りょう》
まんが　みさき明良《あきら》
発行者　石野栄一

〒112-0005 東京都文京区水道 2-11-5
電話 (03) 5395-7650（代表）
(03) 5395-7654（FAX）
郵便振替 00150-6-183481
http://www.asuka-g.co.jp

明日香出版社

■スタッフ■　編集　小林勝／久松圭祐／古川創一／藤田知子／田中裕也
営業　渡辺久夫／浜田充弘／奥本達哉／横尾一樹／関山美保子／藤本さやか
財務　早川朋子

印刷　株式会社フクイン
製本　株式会社フクイン
ISBN 978-4-7569-2032-4 C0036

本書のコピー、スキャン、デジタル化等の無断複製は著作権法上で禁じられています。

乱丁本・落丁本はお取り替え致します。

©Ryo Tsukamoto 2019 Printed in Japan

編集担当　久松圭祐

マンガでわかる

「仕事が速い人」と「仕事が遅い人」の習慣

ISBN978-4-7569-1972-4　著者：山本 憲明　まんが：みさき 明良

B6 並製　176 ページ　本体 1300 円＋税

ベストセラーの『「仕事が速い人」と「仕事が遅い人」の習慣』をマンガ化しました。

主人公は、やる気はあるが仕事がなかなかうまくいかず、毎日残業ばかりでプライベートの時間もなかなか取れない女性ＳＥ。頼りにしていた先輩の退職や、失敗などを乗り越え、効率よくダンドリよく仕事ができるように成長していきます。